堀江洋之 Horie Hiroyuki

天《てん》籟《らい》をきく

歴史に学ぶビジネスの王道

郁朋社

『天籟をきく』に寄せて

SSIS会長　元㈱東芝 取締役 副社長　川西　剛

現在のような情報洪水の中では、情報を判断する感性が大切である。その感性は、知恵と経験と努力によって鍛えに鍛えられた洞察から得られるものである。時に自然との対話は鋭い感性と洞察力を養ってくれる。大空の雲の流れを見て事業の将来に思いをはせ、野の小さな花を見て新しい事業の種を見出す事があるかもしれない。

堀江洋之氏の〝天籟をきく〟は将に彼の長年の半導体事業で培われた知恵と経験と努力が自然との対話から、亦ときに情報の流れを断ち切った瞑想の中で整理され、洗練され、凝縮された素晴らしい随筆である。

私が堀江氏と共に携わっている、半導体シニア協会（ＳＳＩＳ）の理念の一つに、個人主義、優勝劣敗のハイテク業界のギスギスした中で、いかにして潤いを持ち、助け合い、暖かい人間の繋がりを求めるかといったシニアならではの役割を果たそうというのがある。「先人の後を追うな、先人の求めたものを求めよ」という芭蕉の言葉があるが、歴史に学び、自然の営みから学ぶ王道はどんなにハイテクの時代になっても変わらないのであろう。

毎日の定型的且過剰な情報をしばらく断ち切って、この〝天籟をきく〟から新しい風の音を聞こうではありませんか。

二〇〇五年九月吉日

まえがき

私の好きな言葉に、「天籟をきく」がある。サラリーマン生活に終止符を打って、自分で半導体ビジネスのコンサルタント会社を設立するまでの半年間、幾度となく、私は東京奥多摩の山々や渓谷に出掛け、そこで静かに坐禅の真似事をして、数時間過ごすことをしてみた。風の音を聴き、川のせせらぎを楽しんでみた。御岳山や高尾山の山頂で聴く風の音、即ち「天籟」は私に独立する勇気と力を与えてくれたのである。

忙しく働いていた時代には想像も出来ない世界観を、自然は与えてくれたのである。

「天籟」の本義については、本書「技術者と倫理」の項で説明を加えているので、ご参照戴きたい。難しいことは置いておくと、「天籟をきく」とは「あるがままを素直に受け入れて、自然体で生きなさい」ということであると思っている。

私自身、半導体を中心としたハイテク業界に四十年以上身を置いていた。その縁で、半導体／ＦＰＤの総合情報誌『Semiconductor FPD World』に、二〇〇〇年五月から二〇〇五年三月まで、四年十ヶ月に亘って「半導体・ＦＰＤ装置屋今昔物語」と「天籟をきく」の二つのコラムシリーズを連載する機会を得た。その折々の政治・経済・社会などの話題や動きを織り交ぜながら、歴史上の人物から学ぶべく教訓話を探し、気が趣くままに執筆してきた。それらを基調として時世に合うように少し加筆し修正を加え、このたび上梓することにした。

ところで、最近みなとみらい線の開通の影響か、若い人の住みたい街の第一位に横浜がランキングされた。東京渋谷駅から元町中華街駅まで、特急電車に乗ると、僅か三十五分で行けるようになった。その利便性の人気を当て込んで、横浜港を見下ろす眺望の良い場所に、マンションが建つようになった。しかしこの路線が出来た結果、人の流れが変わってしまい、古くからの商店街である野毛方面へ足を運ぶ人が減ってしまったという。漁場に喩えれば潮流が変わってしまって、魚が獲れなくなってしまったのである。野毛では大道芸人を呼んだりしてそれなりの努力はしているが、決定的防止策はなかったのであろうか。ビジネスの世界でも、同じような「栄枯盛衰」は頻繁に常に起きている。

最近公示された、二〇〇四年度全国高額納税者の一位は、投資顧問会社運用部長の三十四億円で、世間の話題を呼んでいた。上位納税者には健康食品会社や消費者金融会社の経営者が名を連ねており昨今の世相を如実に反映している。

戦後の昭和二十九年、家電ブーム時代には三種の神器が庶民の羨望の的となり、松下幸之助、井植歳男のオーナー社長が高額納税者の常連であった。その後高度経済成長と共に昭和四十一年には新三種の神器にマイカーが入れられた。昭和四十六年頃からマイホーム建設が人々の夢となり、その関連企業の経営者が高額納税者にランクインしてくるのである。半導体技術の進歩は一九七〇年頃を境にして大規模高集積回路（ＬＳＩ）と、マイクロプロセッサーの技術開発が盛んになり、電化製品も家電から個電に移行して行った。今では、「パソコン」を「コンピュータ」とは思わない。

ナノテク技術の進歩が、携帯電話を登場させ、ユビキタス社会の到来をもたらしたのである。しかしこのことが、社会的な諸問題を引き起こし、いろいろな犯罪事件の種となっている。

この世の中には、聖人・君子・賢人と呼ばれ、人から尊敬される人達がいる。一方でうつけ者・馬鹿者そして愚人と呼ばれる御仁もいる。何が違うのであろうか。

又世の中には多くのその道の達人がいる。又師と仰げるような素晴らしい人達もいる。一生の内に、そのような人達に巡り会えれば人生最高の幸せであろう。しかしなかなか現実には難しい。そこで、古今東西の書物から、私の琴線に触れる事柄を探し、賢人の言葉に耳を傾け沈思黙考してみた。そして自分のものとして捕らえた上で執筆してきた。自分自身でも、若い時分に学んでいればと思う内容が多くあった。

従ってこの本を、働き盛りの若い世代に、「転ばぬ先の杖」として、是非読んで学んで戴ければ望外の喜びである。どこか一行でも、読者の心に触れることがあればと願っている。若い時の失敗は恥ではないが、熟年になっての失敗は一生涯悔やむことになる。

頓《とみ》に最近は晩節を汚す政界・官界・財界人が多くなった。何故であろうか。

太平洋戦争での敗戦のショックは、日本人の先祖の培ってきた武士道精神を、古い倫理観として綺麗さっぱりと捨て去ってしまった。私達の規範としてきた教えも、すっかり何処かへ置いてきてしまった。作家・司馬遼太郎もこのことを指摘していた。

今や日本は殺人列島と呼んでもよいほど頻繁に事件が起きている。我が家に、一年余の間に「振り込め詐欺」の電話が二件もあった。子供達が交通事故や痴漢行為事件を起こしたので、示談金を払えとの詐欺犯からの電話であった。幸い被害には遭わなかった。二〇〇五年四月、尼崎で起きたJR西日本の電車脱線・転覆事故では百名を越す方の人命が奪われた。世界一を誇った日本の鉄道安全神話崩壊を、世界のメディアはトップニュースで報道した。

社会の仕組みが変われば、既存のモラルが崩壊するのは自明のことである。しかしその対策が打たれていない。最近「悪化した事」として四八％の人が国内の「治安」を第一位に挙げていた。

ところで、「生活の規範」といったことは子供の内に親や大人から教えられないと、なかなか自分一人では学べないし、身に着かないものであろう。「生活の規範」は生きる為の智恵と呼んだらよいと思う。

二〇〇五年三月、私は渋谷駅から元町中華街行きの電車に乗った。自由が丘駅から十七歳位の高校生と見られる女性が乗り込むと、やおら化粧道具一式を膝の上に広げ、隣りの席で化粧を始めたのである。車内はかなり混んでいた。それから横浜駅に到着するまで、人の目を気にすることもなく、彼女は一心不乱に化粧を続けていたのである。九割方の乗客は横浜駅で下車した。私は周りに人が居ないのを見て、彼女に、混雑する車内での化粧は止めて、自分の家でするようにと諭すように話し掛けた。お母さんからそのようなことを教えられていないのかと聞いてみた。すると彼女は、「母は居ないのです」と言って、丁寧に私にお辞儀をして下車して行ったのである。

読売新聞によると、二〇〇五年の新入社員の特徴は、「発光ダイオード」型であるとしている。「ちゃんと指導すれば綺麗に光る、しかしけして熱くならない」と言う。三十三年もの昔、「赤色発光ダイオード」の研究開発に従事していた私は、この言葉に感心すると共に、複雑な心境であった。

今日、我々の住む日本社会は、領土問題、教科書問題、歴史認識問題、拉致問題、など過去に置き去りにしてきた外交的諸問題や憲法改正問題、そして国連常任理事国入り問題で、近隣諸国からも苛められ、混迷の真っ只中にある。若者達もどう生きたらよいのか、迷っているのではないだろうか。
そんなことを考えながら、この本を上梓することにした。

平成十七年六月　紫陽花の花の季節に

堀江　洋之

天籟をきく／目次

第一章　ビジネス編

第二章　乱世を生きる

装丁／スズキデザイン

第一章

ビジネス編

第一節　こころ構え

使命と信念

自分の分に応じた一念をもって「社会のために何かしたい、世のために何かしたい」というような望みを持たれることが、非常に大事なことではないかと思います。それは人間共通の尊い生き方ではないかという感じがするのです

（『道は無限にある』松下幸之助）

これは松下幸之助さんが、高野山に泊まり弘法大師の偉大さに触れた時の感想である。筆者もサラリーマンを退職して、直に訪ねた場所は高野山であった。重要文化財の庭園を一人占めし、その贅沢さに少々うしろめたさを感じながら、その宿坊にお世話になった経験がある。その時やはり天才・空海の素晴らしさを再認識し、驚嘆し、そのパワーに圧倒された思い出がある。真言密教真言宗・宗祖空海の眠る奥の院に至る参道には、大小無数の様々な形の供養塔が立ち並び、生前はお互い敵対して死闘を繰り返した武将達も、今は現世の恩讐を超えて仲良くこの霊場に立ち並んでいるのである。この霊場の光景をみて、感動して体の震えを覚えた記憶がある。

今、四国八十八ケ所の霊場巡りで、空海さんの足跡を訪ねるお遍路さん志望が多い。庶民を魅了する力はどこから生まれるのであろうか。

テレビの人気時代劇の主人公といえば、「水戸黄門」、「暴れん坊将軍・徳川吉宗」、「大岡越前」、「遠山の金さん」であろう。ドラマの内容は、いつも弱きを助け、強きを挫く式の、勧善懲悪のお決まりの結末であるが、人々はそれを期待し、楽しんでいるのである。しかも多くの人々は、ドラマを、史実として見ているのである。幸之助さんは、「昔の武士は、武士たるをもって尊しとしていた。強いだけが武士ではなく、武士は人間として最高でなくてはならない。学問もやらなくてはならないし、人情も豊かでなければならない。義をみては大いに勇をふるって行うということでなくてはならない。しかも戦って強くなければならない。そういうものをかね備えているところに武士道精神というものがあった」と述べている。まさにテレビドラマの主人公の生き方そのものである。ここでは江戸時代の武士の代表として大岡越前を取り上げ、その生き方をみてみよう。

南町奉行・大岡越前守忠相（一六七七〜一七五二）。彼は、紀州藩出身の八代将軍・徳川吉宗の政治（大御所時代を含め）を、三十五年に亘って支えた名奉行として知られている。江戸町奉行は、江戸の町政と司法を司るいわば、東京都知事と裁判官を受け持つ重職であった。当時の白洲の取調べは、吟味役の与力が行い、奉行は裁判の冒頭、白洲の者に声をかけるだけで、あとは小座敷で裁判を聞いていたという。テレビや映画とは大分違うらしい。吉宗は下級の武士でも有能な人材を登用し、「足高の制」を採用した。これは役職によって不足禄高を加増する制度である。町奉行の役高は三千石である。四十一歳の大岡忠相（ただすけ）が江戸町奉行の任についた享保二年（一七一七）には、彼は禄高が千九百二十石の旗本であった。この制度により、加増と加恩を含めて家禄はすぐに三千九百二十石になった。当時としては、異例の出世であった。忠相はこの処遇によく応え、誠実、勤勉を旨とした。彼の在任中の功績は数多い。例えば、それまでの残酷な刑罰を科す裁きを、道義的責任を追及する裁判にしたことである。その為重罪を除き、機転を利かす判決が数多かったという。よく知られている仕事は、町火消し「いろは四十八組」の創設、小石川養生所をつくり生活困窮者を救ったことであろう。又両替商や豪商らの抵抗勢力と闘い、問屋、仲買、小売それぞれの組合を組織し、安価な商品の流通を目指した。彼の人生は、江戸庶民の生活安定の為に力を注ぐことで終始し、七十二歳で一万石の大名にまでなった。

幸之助さんは、武士道精神と同じように産業人精神が必要であると説いておられる。それは、産業の使命を認識し、その尊さを認めることが肝要であると言っておられる。

ビジネスの王道をさぐる

私は、企業を経営し成功させる実業家本来の任務を、一瞬といえども忘れたことはない。しかし事業に熱中して、公共の利益というより大きな問題を忘れてしまうのも、大変な過ちだと私は考える

（『企業よ信念をもて』トーマス・J・ワットソン・JR）

古今東西、実に様々なビジネスがある。人々のビジネス観を探ってみよう。

日本では、江戸時代になると、封建秩序維持の為に士農工商の身分秩序がたてられ、支配階級である武士に、俸禄として扶持米が支給され農本主義が採られていった。その結果、町人（工商階級）には屋敷地に地子銭がかけられたが、一段と軽く、その為低くみられていた。しかし兵農分離政策により武士階級が、城下に住むようになると、商品経済が発展していき皮肉にも身分差は段々と崩れていくことになる。

松江藩七代藩主、松平治郷は、「嫌いなものは朝寝、怠け者、それにこざかしき道具屋」と言っている。茶人でもあった名君不昧（ふまい）公は暴利を貪る道具屋に我慢が出来なかったのであろう。日本の諺に〔武士は食わねど高楊枝〕というのがある。食糧難であった敗戦後の日本で、違法のヤミ米を食べずに、餓死された裁判官の話が報じられたことがあったように記憶している。まさに「渇しても盗泉の水を飲まず」の実践である。福沢諭吉著の『福翁自伝』に「私は金銭のことを至極大切にするが、商売は甚だ不得手である。……むかしの士族書生の気風として、利を貪る君子のことにあらずなんということが脳に染み込んで、商売は恥ずかしいような心持がしてこれもおのずから身につきまとうているでしょう」とある。まさに「士族の商法」という言葉が生まれた背景であろう。終戦時の日本人にも、「武士の痩せ我慢」の気風がまだ生きていたのである。

イギリスの著述家スマイルズの「天はみずから助くるものを助く」で知られる『自助論』に面白い話が紹介されている。批評家のハズリットが「ビジネスマンは、商人の度量が狭く私利を謀るもの」と著わしている。これに対してスマイルズは、「商人の中にも大臣の精神のあるもの、また国を思う者も居り、一概に論じられない」と反論している。又「大人豪傑の人はきちんと職業を務めて、生産を営むことを嫌わず、しかもその間に高尚なことに心を用いている。例えばギリシャの聖人タレス、ソロン、ヒュペラテス等がそうである。彼等は皆商人ではないか」と言っている。「プラトンだって、エジプトを旅した時油を売って儲けて旅費にあてたではないか」と弁明している。ビジネスに従事する者は、まず「実践に勉むことが重要で、正道によらないまぐれ当たりによる儲けは、賭博による儲けと同じで、人を廃滅の道に導くこととなる」と論じている。

福沢諭吉は近代文明論によって人材育成を行った。一方「義の精神」に基づいた企業経営を提唱したのが渋沢栄一である。渋沢は、合本主義（現在の株式会社にあたる）を設立し、近代日本の商工業発展に貢献した。渋沢は『論語』に基づき、国家の利益になる企業経営を目指せば、優秀な旧武士階級を参加させることが出来ると考えたのである。その為に「道徳とソロバンの一致」を図ったのである。

ドラッカーは次ぎのように述べている。「企業体が充足させている信条と価値が、社会の公言している信条と価値と矛盾する場合には、産業社会は存続しえない」。即ち企業道徳を確立することが必要であると解釈出来る。

九〇年代以降、外圧によって日本は規制緩和経済政策を採り、その結果産業のグローバル化社会が招来した。そして欧米型ビジネススタイルが徐々に導入され、今日本社会は企業の目的、あり方を巡ってその基軸が揺れ動いている。会社・株主・顧客そして従業員とは何かまで問われている。あなたにとって、ビジネスの王道とは何でしょうか。

ポジティブ思考の薦め

高度経済成長前の日本の町には、大勢の職人さんが住んでいた。桶屋、靴屋、洋服の仕立屋、カバン屋、大工、ブリキ・銅版の加工屋などがあり、時折こうもり傘の修繕屋や、キセルの掃除屋そして飴細工屋さんがやって来た。そしてその仕事ぶりを見物することが出来た。鮮やかな手さばきは、一日中見ていても飽きることがなかった。彼等は職人としての誇りをもって生きていた。子供心にもそれが感じられた。現在プロの職業と言うと、野球、サッカー、相撲、バスケット、レスリング、テニス、それに最近ではマラソン選手が脚光を浴びている。日本の国技・相撲を除きいずれも世界レベルでその技量がうんぬんされるスポーツ選手である。しかも高給をとるスター選手もいる。実績が数字で出る分かりやすい社会である。

昨今の日本では、各階層で不祥事が続発している。国家の指導者とされる政治家、官僚、裁判官、検事に始まって医師、弁護士、教師、行政責任者、警察官、大企業経営者、企業幹部、技術者などその道のプロとされる人々が多いのに驚かされる。何故であろうか。職業意識という言葉がある。本来ならその職業に従事する者には自然とプロとしての見識が身についている筈である。ところが論語読みの論語しらずになっている。

不祥事の内容を分析してみると、その原因の大半は、自己の名利を求めるあまり、保身の為に勝手な行動をして、しかも倫理観の欠如もはなはだしい。
ところでバブル経済の崩壊後は年功序列、終身雇用のシステムから徐々に実力評価の社会に移行しつつある。年俸制を採用し始めた企業もある。そうなると今まで欧米にくらべ平等を旨としてきた我が国では、ますます個人格差が生じ、不平不満が噴出すると思われてならない。管理職にある人は勿論のこと、個人個人も自分を高めておかないといろいろなトラブルに巻き込まれることとなる。それにはどうしたらよいのであろうか。奈良興福寺の小冊子Ｎｏ．一〇〇号で貫主・多川俊映氏が［薫習（くんじゅう）］という文章で堀口大学の詩「座右銘」を取り上げて人々に助言している。

暮らしは分が大事です
気楽が何より薬です
そねむ心は自分より
以外のものは傷つけぬ

「そねむ心というものが、栄えある他者を傷つけるのではなく自分自身を傷つけるのだ」と言っている。人間は一日の中で色々のことを思い浮かべている。ためしに十五分間だけでも静かに静座してみるとよくわかる。その想念は一日で六万個であるといわれている。その九五％は昨日と同じことであるとのことである。人間の心の構造は、五識（感覚）の他に六番目の意識即ち知覚、感情、思考、意思が加わり六識となり、これらは心の表層に表れてくる。仏教ではこの他に「末那識（まなしき）」と「阿頼耶識（あらやしき）」を挙げて八識としている。仏教でいうところの唯識説である。末那識とは、自己執着心である。そして阿頼耶識とは私達の行為の印象や気分が蓄積されていくことで、［現行はその種子を阿頼那識中に薫習する」と説明している。そしてその心の奥深くに蓄積された行為の印象気分は縁を得ると再び具体的な結果となるとのことである。「そねむ」という気分「種子」が薫習蓄積するという。自己を美しく磨くも汚し傷つけるも、みな自分自身の行為に他ならないと説いておられる。各自ストレスを適当に発散させて、溜め込まないことが必要であると理解出来る。傾聴に値する教えである。

起業家魂

戦後日本の驚異的経済復興の陰には、多くの天才的創業経営者がいたことを忘れてはならない。「サラリーマンは気楽な稼業ときたもんだ」。これはご存じ植木等の『スーダラ節』の冒頭の台詞である。この歌が巷に流れ始めた昭和三十六年、私はサラリーマン一年生になった。当時は日本が高度経済成長に向かって歩み始めた頃であった。しかし毎日残業・徹夜の連続であり、歌のように決して気楽ではなかった。しかし不思議に何か明るさと希望が感じられた。

戦後日本は貿易立国を目指した。その為には各種産業の発展を促す必要から、地方の農村の若者達が都会の工場に送り込まれていった。そして多くのサラリーマンが誕生した。みな例外なく「会社人間」となり一心不乱に働いた。そんな状況の中でヒットしたのが『およげ！　たいやきくん』（昭和五十一年）であろう。

一方で多くの起業家も生まれていった。戦後を代表する創業者に、松下幸之介（松下電器）、本田宗一郎（ホンダ）、井深大と盛田昭夫（ソニー）、井植歳男（三洋電機）等の諸氏がいる。筆者の家は、戦後いち早く小さな電気屋を開業した。その為「共存共栄」と書かれた松下氏の書は、子供時代毎日、目にしていた。やがて電化ブームの波が押し寄せ、昭和二十九年度日本の高額所得者の第一位は井植氏、そして昭和三十年には、松下氏が一位になっている。この頃の三種の神器は、電気冷蔵庫、洗濯機そして掃除機である。当時家電製品はまだ高嶺の花で、冷蔵庫はサラリーマンの平均給与の約十倍もしていた。

私は入社式の挨拶で初めて井植歳男氏の肉声を聞くことが出来た。これからは、世界を相手に商売をするのであると力説されていた。又三洋電機は真空管を製造していないが、やがて世の中は半導体時代に移って行くと断言されていた。既に新時代を見通しておられたのである。

同じように、ＩＣの時代が来ることを予見し、会社を起こした若き創業者に、東京エレクトロンの久保徳雄氏と小高敏夫氏がいる。昭和三十八年暮れのことである。偶然にも筆者は、歴史の新しい二つの会社勤務を経験することになった。そして多くの事柄を学んだ。特に久保氏と小高氏からは、直接教えられた。偶然といえば、創業したてのまだ無名の頃の京セラ・稲盛氏や、ミツミ電機の森氏と言葉を交わしている。自信に満ちた言動に、強烈な印象を与えられた記憶がある。

ＩＣ産業の黎明期という幸運もあり、筆者は多くの米国のハイテク起業家とも知り合うことが出来た。ＫＬＡ社、テンコール社、ラムリサーチ社、ＦＳＩ社、ナノメトリクス社、ＡＭＴ社（中興の祖）等など枚挙にいとまがない。今ではいずれの会社も業界を代表する企業に成長していている。これら起業家の性格の共通点を挙げるならば、いずれの人もビジネスに対する「情熱」とか「熱意」が、並外れているということが出来る。そして確かなビジョンを持ち、常に上昇志向であるということである。松下幸之助氏の『道をひらく』に「どうしても二階に上がろう。この熱意がハシゴを思いつかす。才能がハシゴを作るのではない。やはり熱意である。経営とは、仕事とはたとえばこんなものである」。巨人ビル・ゲイツしかりである。

二十一世紀の日本活性化の為には、今又創業者魂をもった若者の出現が待たれている。大手企業にいても組織に埋没するのでなく、自らが事業のレールを敷設し未知の世界へ走りだすことの出来る人材が必要である。筆者は、ビジネスは創造であると教えられた。サラリーマン意識を捨てろとも教わった。仕事は人から与えられるのでなく、自分で作り出し、それがやがて利益を生み、企業に自分に、そして社会にも還元されることが必要なのである。賢人いわく、「それぞれの世代は新しい革新を必要とする」。どんな天才が出現するのか楽しみである。

堀江もん現象とマスコミ

一つも馬鹿げたことをしないで生きている人間は、彼自身で考えているほど賢明ではない

（ロシュフコー　十七世紀フランスの政治家）

私と同姓の、若き起業家・堀江貴文ライブドア社長のニッポン放送株の時間外取引に端を発した、フジテレビの経営権覇権を巡る騒動は、裁判所を巻き込み、メディア事業を舞台にした問題であるが為に、新聞・テレビ各局が連日のように「ホリエモン現象」とか「平成ホリエモン事件」として取り上げていた。最後はフジ側がライブドアに千四百七十四億円を支払い、両社が資本・業務提携することで決着した。

当初何故「ホリエモン」と呼ぶのか分からなかった。競馬の競走馬の名前とは全く知らなかった。「…もん」と言えば「ドラえもん」・「馬鹿もん」・「田舎もん」から派生した言葉なのかと思っていた。何だか他人ごとではなく、自分自身に向けられた非難の言葉とも思ったりした。彼が犯罪者にならなければ良いのだがと、案じていた。多くの友人・知人から、「堀江もん」は親戚かとも聞かれた。家の前を通る子供達が、「堀江」と書かれた表札を見て、「アッ、ホリエモンだ」と叫んでいた。

私は二十年に亘って、自分のルーツである堀江一族の歴史を追ってきた。その段階で分かったことは、「堀江姓」を名乗る者は全国で五万人弱、一万五千軒程度とみている。関東・近畿を中心に分散している名前であるが、日本人の名前として多い順位上位から三百十位（『日本人の姓』佐久間英著）とされている。けして多い姓ではない。彼「堀江もん」は、九州出身である。早速手許のデータベースで九州の堀江一族を調べてみたのである。この堀江姓の話は別の機会に譲ることにする。

しかし考えてみれば、グローバル化の名の下に、国として規制緩和政策が取られれば、外資が導入され、米国型ビジネスが横行するのは当然の理である。その結果、最近マスコミが報道するような事件が起きてくる。某政治家は、「教育の欠陥」によって出てきた人物と言っていたが、国の「政治・経済」の仕組みが変更された為であり、むしろ国の「政策転換」の結果である。私が疑問に思うことは、マスコミ事業だから公共性が有るとは言え、私企業同士の業務提携問題に、何故ここまで報道各社が過敏に反応するのかということである。二日前に上海における中国の過激な反日デモで、日本領事館に投石されるという、明らかに日本の主権が犯され、国際法違反事件が起きていてもその扱いは「ホリエモン」事件の和解の方が大きく報道されていたのである。

ところで、「堀江もん」の場合、彼自身大手企業での職務経験もなく、職業的教育訓練は全く白紙状態で、そこから自分で事業活動を始めている。そのやり方に賛同する者も多い。「団塊の世代」が彼「ホリエモン」に味方した理由は、自分達が出来なかったことを、彼が簡単にやっている事への羨望意識もあったであろう。

織田信長もそうであったが、織田一族の中でも彼・信長は異質で、旧弊な年寄りが重視する秩序や序列など、古くからの慣習を否定していたと思われる。するとどうしても周りの者には「型破り」に映り、古老は、「うつけ者」と思うものである。「桶狭間の戦い」での今川義元の油断は、大軍であり、古式に則った戦術しか頭になく、奇襲戦法など思いもよらなかったのであろう。それを見破れなかったことに敗因がある。しかし歴史的には、既にその三百七十六年前の源平合戦で、源義経が「一の谷戦い」で奇襲戦法を用いているのである。義経にしても、信長にしても若かった。後世の人々は、二人の人生が悲劇的結末で終わったが為に、信長や義経を英雄と呼んでいる。この二つの事例からも、人は奇襲には意外と弱いことが分かるのである。

私自身の経験した出来事であるが、今でこそビル・ゲイツ氏といえば世界一の富豪である。しかし彼がコンピュータのソフト事業を始めた頃は、彼は元ヒッピーと呼ばれ、当時の大手企業経営者からは相手にされなかった歴史を持っている。ホリエモンも、彼の服装がTシャツだから怪しからんと、非難されていた。ホリエモンの服装は、ビル・ゲイツ氏の過去を意識した行動であったのであろうか。

私自身、三十五歳の時、大手電機メーカから、百五十名のベンチャー企業に転職した。今ではこのベンチャー企業も、半導体製造装置業界で世界第二位の企業に成長した。因みに、九十年代には第一位にランクされたこともある。最初は米国製のハイテク機器の輸入商社からスタートしたが、私が参加した時には電卓やカーラジオの生産も手がけていて、この会社の企業活動の手法すべてに戸惑い、驚いたものである。転職した当時私は、親や親戚からも非難され、学友達が心配したものである。

その後私は、米国系ハイテク企業の日本法人の代表取締役と欧州系企業の顧問も経験しているが、その企業トップの事業運営は、かなり日本企業とは異なるものであった。そこには、日本的企業風土で重視される、聖徳太子的精神はみじんも感じられなかった。

しかし、欧米的事業運営の水に馴染んで、成功を収めた友人・知人を何人も知っている。個人の性格が大きく左右すると思っている。自己主張が出来、仕事の出来る人には、外資系企業は大いに活躍出来る舞台を与えてくれるのである。

最近、個人のバランス感覚の有無を、幹部社員の資質として重視すると話す、ベンチャー企業社長の講演を聞いたことがある。企業活動には知能・ＩＱよりも、感情コントロール能力であるＥＱが重要視されると言われている。このグローバル化がますます進み、混沌とした激動の事業環境の中を、私達は、どのように生きて行けばよいのであろうか。「ホリエモン」の登場は、グローバル化時代の国の政策方針と、日本企業の経営のあり方に一石を投じる結果となったのである。

ライブドアとフジテレビの和解が報じられた頃、テレビのワイドショー番組に出ていた、若い女性漫画家が「大人になったホリエモンはホリエモンでない」と言っていた。

無謀の戦いは一年にして、数年の事業をこぼつ　（フランクリン）

第二節　風をよむ

時代の潮流

漁師は潮の流れを読んで網を仕掛ける。日本列島の太平洋側には南西方向から日本海流（黒潮）が列島に沿って北上し、北方からは千島海流（親潮）が南下してくる。親潮と黒潮の衝突は、夏には金華山沖辺りで起こり、冬には銚子沖となる。この潮境は種類の違った魚が大群をなし、世界有数の大漁場となっている。ところが本州南岸を平行して流れている筈の黒潮が、二十年から三十年ほどの周期で紀州沖辺りでU字蛇行して流れるという。海中から冷たい海水が沸き上がる為である。常に一定の流れであると思われる潮流も、変化を起こしているのである。（『海流の話』日高孝次著）

『今昔物語集』という説話集がある。この著作は、平安末期に宇治大納言隆国がインド、中国そして日本の仏法や世俗の話を集め記録したものである。芥川龍之介の小説「芋粥」は、この『今昔物語』の説話を題材にしたものである。この説話に登場する人物は、後に鎮守府将軍となる若き藤原利仁（としひと）である。彼は国司級で中央貴族出身の実在の人物である。腹一杯の芋粥を食べたいという話を、摂関家の家役人で、貧乏貴族（五位）から聞いて、京からわざわざ馬で自分の越前国・敦賀の館へ連れて行き大盤振る舞いしたと言うお話である。筆者はこの説話をなんとたわいのない話であろうかと思っていた。しかし平安時代には、芋粥は上級貴族か富裕層が口に出来る薬効のある大変美味な食べ物であったらしい。芋は山芋でそれを刻み甘葛の汁で煮た粥のことである。特に秋から正月に珍重されたという。現代ならさしづめ国産の松茸ご飯といったところであろうか。保立道久著の『物語の中世』など最近の研究によると、敦賀は当時日本海ルートの中間点で、琵琶湖を経由して京都に通じる北陸随一の港湾都市であり、対外貿易で栄えていた。唐人や宋の商人が居留し賑わっていたという。利仁の舅が秦一族で「勢徳の者」即ち富豪であったという。荘園からのあがりだけで暮らす中央貴族に対し、地方豪族は交易による富も自分のものとしていた。時代は大きく変化していたのである。この時代敦賀は国際的商業都市の最北端に位置づけられていたのである。まだ源氏や平家の武家階級が誕生する前の貴族社会の時代である。幕末に毛利藩や薩摩藩が対外貿易で富を蓄えていた話と相通じる話である。異文化との交流そのことが個人や集団の富となりパワーとなることを歴史が示しているのであろう。

九〇年代にはいり、冷戦構造の崩壊と共に、半導体産業のグローバル化が一段と加速していった。インターネット情報がこの崩壊に貢献していたという。八〇年代後半から韓国が、九〇年代に入り台湾勢の半導体産業が急成長していった。インターネットの登場はＰＣの普及を促し、そして携帯電話を登場させた。その結果ＩＴ（情報技術）の重要性を人々に認識させた。今新たに各種ＰＤＡ機器が誕生しようとしている。

潮流が変わると、半導体産業の組織や設備投資形態も変化を余儀なくされる。大手電機メーカの分社化や執行役員制の導入、半導体合弁会社の設立、中古装置の活用、オペレーティングリースの登場、ＤＲＡＭからの撤退や生産委託など八〇年代までは考えられないことが起きてくる。

古代には海流が遠くの情報を運んできた。大航海時代には大型帆船が世界の海をつないだ。蒸汽船は日本を開国へと導いた。時代は船から飛行機になり、電波が発見され海外の情報はラジオやテレビを通じ家庭へはこんでくるようになった。今世界中に張り巡らされたインターネットにより、文字だけでなく、画像情報も瞬時に個人に直接伝達される時代となった。現在あなたが関わっている仕事が日本や世界とどう関わっているのかを絶えず情勢をウォッチし、分析して今後の時勢とか時流を読むことが重要である。

しかし反面、時流に流されないという言葉もある。それも一つの見識である。

時代の風

人は信念と共に若く　疑惑と共に老ゆる。
人は自信と共に若く　恐怖と共に老ゆる。
希望ある限り若く　失望と共に老い朽ちる。

（サムエル・ウルマン／松永安左エ門訳）

「青春とは人生の或る期間を言うのではなく心の様相を言うのだ」で始まる、有名な「青春」という詩の後半部分である。

年功序列、終身雇用体系が崩壊しつつある今日、日本列島ではリストラの嵐が吹きまくっている。失業率が次々に記録を更新してゆく。日本だけでなく、世界の動静も激しく動いている。人々は、まさに疑惑と恐怖と失望の渦の中に、飲み込まれようとしている。どのように生きたらよいのであろうか。明日はどうなるかみな不安である。

ところで、古来から時代の節目で、突然歴史を動かすことの出来る、偉大な思想家や政治家が表れるという。「時代精神」は桁はずれの仕事への緊張が、天才を創るという（『天才の法則』町沢静夫）。今我々は、色々の分野で、「時代の風」を感じ取ることの出来る人の出現を、待ち望んでいる。その救世主となる人は、特異な個人的体験を通して、この「時代精神」を感知しているという。もしかすると、あなたもその一人なのかも知れない。

九〇年代、日本では多くのえせ宗教者やカルト集団が跋扈した。人の弱みに付け込んだ集金集団である。又外国からも、全てにおいて弱体化した日本に的を絞って、犯罪者集団が入り込んで来た。社会が益々混乱することになる。そして日本の安全神話が崩壊している。一人一人の自覚と用心が必要な時代である。

ところで、徳川幕府の幕藩体制が崩壊したのは、慶応三年（一八六七）十月二十一日の「大政奉還」の布告によってである。翌年の九月八日をもって、明治元年としている（西暦一八六八年十月二十三日）。福沢諭吉が、芝の新銭座の塾を慶応義塾と命名したのは、慶応四年（一八六八）四月三日のことである。まさに「新しい時代の風」が吹いてきた時である。この「独立自尊」の提唱者・諭吉は、著書『福翁百話』の中で「唯真実の武士は自ら武士として独り自ら武士道を守るのみ。故に今の独立士人も、其独立の法を昔年の武士の如くにして、大なる過なかるべし」と武士道と独立心を関連づけている。武士道といえば、将軍綱吉と吉宗への影響力があった荻生徂徠、赤穂義士に影響を与えた山鹿素行、幕臣であった諭吉、この三人の共通点は、「自立」である。三人とも徳川家の恩顧を受けつつも一定の距離をおいた人々で、言い換えると「気概ある独立心」を目指した人々であった。

不思議なことに、明治元年から昭和の金融恐慌（一九二七年三月十五日）までが、正味五十八・五年間。その後日本は戦争への道を歩むことになる。そして敗戦年（一九四五年）を迎えた。この年から五十八年目は二〇〇三年である。世の中不況風が吹いている。終戦直後、駐留軍司令官から日本人は十三歳と言われた。今の日本社会に必要なこと、それは一人一人の「気概ある自立」ではなかろうか。組織に属していても人に頼るのではなく、自分の足で歩けるように実力をつけて置く事である。その事が、一人一人が生き抜く為の智恵である。今又「新しい時代の風」が吹いてきたと思えばよい。

位無きを患（うれ）えず立つ所以（ゆえん）を患う

（『論語』里仁）

機運を捉える

淵にのぞんで魚をうらやむより、退いて網を結ぶにしかず
席にのぞんで智をうらやむより、退いて書を読むにしかず
（『漢書』董仲舒傳）

仕事で成功して財をなすにも、知識を身に着けるにしても、適切な判断を下し行動を起こさなければ、何事も成就出来ないと言う意味である。

政治やビジネスの世界では、情勢判断の誤りや意思決定の遅れが国や企業の盛衰に繋がることがある。よしんば政策が正しくても驕りがあると油断が生じ、その後判断を誤り滅亡に向かうことがある。

『氷川清話』のなかで勝海舟は「機運」について次ぎのように述べている。「機運というものは、実に恐るべきものだ。西郷でも、木戸でも、大久保でも個人としては、別に驚くほどの人物でもなかったけれど、彼らは、王政維新という機運に乗じてきたから、おれもとうとう閉口したのよ」。慶応四年（一八六八）三月、官軍参謀の西郷隆盛と幕臣の勝海舟との間で、江戸城無血開城の話し合いが薩摩島津藩蔵屋敷で行われた。その海舟が時の勢いが如何に大切であるかを、自らの体験を通して語っているのである。そして「人心移転せんとする前、その機動くの兆候生ずる」と言っている。海舟は、その時代の機運の高まりは、有力者の説に付和雷同して世論が形成されてしまう傾向にあると述べて

いる。現代では、マスコミの影響力が実に大である。そしてこの「機は感ずべきもので、言うことの出来ず、伝達することの出来んものです」と述べている（『海舟座談』）。

天才的人物の伝記を読むと、風を読み、潮流の動きを察知するのは「勘」であるとすることが書かれている。戦国時代の風雲児・織田信長もその風を察知し、好機とみると直感ですぐに行動に移し、敵を攻撃したという。時代が天才をつくるともいえる。作家・塩野七生氏によると、古代ローマの権力者カエサルの戦法は、敵と味方の心理を読み取り、その時々の情況にあった戦法を用いて勝ち抜いてきた武将であるという。アマがプロに打ち勝つには、徹底して現状を直視して、常識に捉われない自由な発想が必要であることを指摘している。

永禄三年（一五六〇）「桶狭間の戦い」が行われた。精鋭二千の軍勢を率いる若干二十七歳の織田信長が、二万五千（四万とも）の軍勢を擁する四十二歳の今川義元軍に勝利した。

信長は、馬廻りと小姓で構成された親衛隊を組織し、今川の本陣に突進して成果をものにしたと「信長公記」に書かれている。それまで「うつけ者」との評判であった信長が大変身を遂げていたのである。

織田の家臣には信長に出撃が無謀であると、篭城を勧める者が多かった、しかし信長は決戦を覚悟した。信長は兵三百名を別働隊にして、陽動作戦を採ったとされている。まず今川軍を前哨戦で勝利させ、彼らの気の緩みを誘い油断させた。又この日は異常に暑く、その為今川軍本隊は窪地に布陣して酒宴を張り、兵には昼食を取らせた。その為織田軍は難なく敵本陣近くに接近出来た。又この日は突然雷雨となり、織田軍進攻の音がかき消され、今川の兵達は敵の接近に気が付かず、雨を避け民家に駆け込んでいた。その為義元の警護は手薄で、三百騎ほどの軍勢が固めていただけであった。通説では信長は迂回作戦を採って義元本陣に奇襲をかけて攻略に成功したとされている。

これは、江戸初期に儒学者小瀬甫庵の書いた『信長記（しんちょうき）』に信長は「敵勢の後の山に至りて、推し回すべし」と書かれていたことによる。信長は、戦いとは戦力を兵の数で計るのではなく質で捉え、攻撃にはスピードとタイミング（機運）が重要であることを理解していたのである。

円石を千仭の山より転ずるが如き者は勢いなり　孫子

勢いをつくることが大事であるという意味である。

時鳥《ほととぎす》

智恵ありといえども勢いに乗ずるに如（し）かず
じきありといえども時を待つに如かず
（『孟子』公孫丑《ちゅう》上）

戦国時代の英雄、織田信長・豊臣秀吉・徳川家康の性格を、「時鳥（ホトトギス）」の鳴き声の様相で表現すると、鳴かぬなら殺してしまう信長、鳴かしてみせる秀吉、鳴くまで待つ家康と三人三様である。最後に天下を掌握したのは六十二歳の家康で、彼は一六〇三年（慶長八）征夷大将軍になり江戸に幕府を開いた。朝廷は家康を源氏長者と認め、武家の棟梁として諸大名を統制し、庶民の支配を任せる宣旨を下している。この後徳川幕府は十五代二百六十五年間も続き、一八六七年（慶応三）に幕をおろすことになる。

「時鳥」は我々に「時」の重要性を教えている。どんな智恵者も時流に乗る事が肝要で、時代に逆行しては覇者にはなれない。じき（鍬、鍬等の農具）があっても春がこなければ、田畑は耕すことが出来ないように、時勢を見抜くことが大切であると「孟子」は言う。

中国戦国時代末期、斉国の智謀の士・魯仲連（ろちゅうれん）も、「智者は時に倍（そむ）きて利を棄てず」といっている。智者は時勢に逆らって不利なことをしないと説いている。その後で、「忠臣は身を先にして君を後にせず」とも言っている。自分の置かれている今の立場をわきまえることの大切さを教えている。

ところで、徳川幕府を開いてからの除封・削封大名（一万石以上）は二百四十家にも上り、外様大名と一門譜代大名との割合はほぼ等しいという。意外にも幕府の改易命令に対して、実力をもって幕府に対抗した大名はただの一人いない。ただ特殊な例外として豊臣秀頼・淀殿母子がいる。開幕して二百六十年が経過した一八六四年（元治元）に、初めて幕府に抵抗する大名が現れた。それは長州藩で、徳川慶喜が大政奉還の上表文を朝廷に提出する三年前のことである。廃絶、除封、減封は、大名家の最も恐れた幕府の統制策であった。理由として、（一）世継ぎが居ない場合、（二）「武家諸法度」に違反した場合、（三）大名の乱心や病気による場合があった。（二）の項目に至っては、無断で通婚した・居城を無断で修理した・行跡がよくない・謀反の疑いがあるとか、中には「故有り」というはっきりしない理由まであったという。有力大名も例外ではなかった。例えば本多正純は、一六一九年（元和五）に宇都宮藩十五万五千石の大名として入封するが、元和八年に将軍秀忠により徐封されている。本多正純といえば、家康に近侍して信任厚く、父正信と共に権勢を振るった大名である。正純は、大坂の陣で大坂城外堀の埋め立て奉行をやり、「武家諸法度」の制定に関与し、水戸城主佐竹義宣の秋田への移封では厳しい意見を家康に進言している。又大久保長安事件の処理、福島正則の改易にも関わっている。従って多くの人の恨みをかっていた。俗説では、将軍家謀殺を企てたとされる宇都宮釣天井事件がある。彼の徐封は家康の死後のことであり、時代は秀忠の天下になっていた。皮肉な事に正純の身柄は、久保田藩主佐竹義宣に預けられたのである。出羽で千石を与えられ、そして寛永十四年（一六三七）横手で病死したが、墓碑の建設は明治末期のことである。

月の出を待つべし。散る花を追うことなかれ。（中根東里　江戸時代儒者）
春風を以って人に接し、秋霜を以って自ら粛（つつしむ）（『佐藤一斉』言志四録）

戦略と戦術

彼（か）を知り己を知れば、百戦殆（あや）うからず（『孫子』謀攻）

日露戦争の智将・「秋山真之」の名は、司馬遼太郎の小説『坂の上の雲』に登場する秀才兄弟の弟として有名である。コングロマリット・ＲＣＡに駐在で赴任した一九七〇年暮れ、私はニューヨークの本屋で『アメリカにおける秋山真之』島田謹二著を買い求め、初めて彼の名前を知ることとなった。珠玉の一冊である。

秋山兄弟は、城下町四国・松山の貧しい武士の家の生まれである。兄・秋山好古も、フランスに留学経験のある騎兵戦術の専門家である。維新後、貧しい武士の子弟が青雲の志を遂げられる早道は、新政府の陸海士官になることで、真之（さねゆき）も海軍兵学校に入学した。彼は、一八九〇（明治二十三年）七月、八十八名いた同期生の一番で卒業している。一八九五（明治二十八年）、海軍大尉の時米国留学を命じられた。海軍の同僚に、「先輩達は、ただ海軍技術を身につけて帰っただけである。これからは、外国から学ぶだけではなく、外国のエッセンスを自主的に使いこなせるところまで抜け出さなくてはいけない。アメリカでは戦略・戦術をやるつもりである」と語っている。彼は米国で海軍戦略、戦術の大家であるマハン大佐について学ぼうとしていたという。明確なビジョンを持って、米国留学に臨んでいたのである。

一八九七年からロシアでは飢饉が続き、失業者が増大していた。そんな情勢下の一九〇二年、シベリア鉄道の完成により、ロシアは軍事力の強化を進め、南下を開始した。一方一九〇二年一月に日英同盟が締結された。その為満州・朝鮮をめぐって日露間の対立が激化した。一九〇四（明治三十七年）二月、日本はロシアに国交断絶を通告し、旅順・仁川を攻撃し宣戦布告を行った。日露戦争の始まりである。ロシアに勝てると信じた軍人はいなかったといわれている。当時の日本軍は未熟であったが、機能的で戦略や組織の硬直化はなかったという。戦略を忘れた昭和の太平洋戦争時とは違っていたと、樋口清之著『逆・日本史』や、司馬遼太郎著『昭和という国家』が指摘している。日露戦争には、明確に戦略が存在していたと司馬はいう。一九〇五（明治三十八年）五月二十七日、対馬海峡を通過してきたロシアのバルチック艦隊を発見、参謀・秋山真之の起草した大本営への打電は有名な「本日天気晴朗ナレドモ波高シ」であった。この日本海海戦で東郷司令官の採った丁（ちょう）字戦法の成功により日本は大勝した。この戦いは祖国防衛戦争であり、旗艦三笠にZ旗が掲げられ「皇国ノ興廃此ノ一戦にあり、各員一層奮励努力セヨ」と全艦に発信されていた。

米国留学で真之は、ロシアの戦力分析を行うと共に、各国の財政事情や、鉄材の需要と鉄価まで調査しているのである。戦略的行動には、「情報収集・分析」と「伝達手段の研究」それに「場所と潮時」が重要であることを学んでいる。皮肉にも、ロシアの海軍戦術書から、海戦における天象、風向、潮流、位置について学んでいる。後に彼は、海軍の秘密主義に警告を発し、作戦遂行上味方軍は情報を共有する事が大切であると説いている。日本にも、明治期には凄い人物がいたのである。日露戦争の勝因、それは戦費を外債で確保出来た事、和平の時期を誤らなかった事、それに英米が味方に付いた事が挙げられている（『逆・日本史』樋口清之）。

戦略・戦術の運用について、南宋の名将・岳飛（一一〇三〜一一四一）の名言がある。

運用の妙は一心に存す　　（宋史・岳飛伝）

家康と三方ヶ原

勝事ばかり知りてまくる事をしらざれば害其身にいたる。おのれを責めて人をせむるな。及ばざるは過たるよりまされり

（『東照公御遺訓』全国東照宮連合会）

後世の作との説もあるが、徳川家康の遺訓とされている「人の一生は重荷を負て、遠き道をゆくが如し。いそぐべからず。不自由を常とおもへば不足なし」の後半部分である。

じつは類似の言葉が『論語』の先進編に書かれている。「子曰わく、過ぎたるは猶（なお）及ばざるがごとし」とある（『世界の名著』3／中央公論）。この話は、孔子の弟子で秀才の子貢（しこう）が、同僚の子張と子夏とではどちらが人物が優れているのか、孔子に聞いた時の返事である。孔子は、「子張は度が過ぎている。子夏は度が足りない。やり過ぎでも足りなくても、適度を逸していることでは同じである」と答えたという。中庸の薦めである。『家康遺訓』は、「やりすぎよりも、足りないほうが良い」としている。

家康の代表的肖像画には二幅ある。ひとつは耳たぶが大きく下膨れの俗に福相とされる晩年の家康像であり、他のひとつは草鞋ばきの足を組んで椅子に座り思案顔で左手を痩せ細った頬に当て、意気消沈している姿である。これは元亀三年（一五七二）、三十一歳頃に描かれたとされている。どう見ても同一人物の肖像画とは思えない。家康は、後者の画像を生涯座右から離さなかったとされている。何故であろうか。

元亀三年十月三日、武田信玄はおよそ二万五千（三万ともいわれている）の大軍を率いて甲府を出発し上洛に向け行動を開始した。信玄の本隊は信濃から遠江に入って、二俣城等を攻略し徳川家康の居城浜松に迫った。信長は、まだ頼りない家康に佐久間信盛、平手汎秀（ひろひで）隊等三千の援軍を派遣した。しかし援軍を入れても一万一千の徳川軍である。合戦以前から家康の重臣達は、この勝ち目のない戦いを諫めていたという。老臣達は、武田軍の通過をただじっと見送って居れば良いと進言したという。元亀三年十二月二十二日、両軍は三方ヶ原（味方原）で激突した。世にいう「三方ヶ原の戦い」である。場所は、現在の静岡県浜松市三方原町である。家康はまだ三十一歳と若く、血気盛んであるが経験不足で、戦略巧みな信玄の敵ではなかった。信玄の策略にはまり、三方ヶ原に誘い出されてしまうことになる。結果は、武田軍の圧勝であった。家康は命からがらほうほうの態で、馬の首にしがみ付いて、居城浜松城に逃げ込んできたという。その時、恐怖のあまり馬の鞍壺に、家康はお漏らしをしたという逸話が残されている。家康の大敗北の原因には、信玄が若輩の家康を無視した為、むっとして正面からぶつかって行こうとした家康の性格が裏目に出たという説と、信長が時間稼ぎの為、武田軍の足止めを家康に強要したという説がある。しかし『甲陽軍艦』によると、この戦いは、家康より仕掛けた無謀の戦いとしている。前述の憔悴しきった家康像は、この敗北を自戒する為に絵師に描かせたものであるという。危うく九死に一生を得た家康は、この時の惨敗を教訓に、武田の戦法や軍制を学んだと伝えられている。この三年後の天正三年（一五七五）、長篠の合戦では、信長と一緒に武田勝頼を長篠に誘い出し、武田軍団を敗北させている。歴史とは誠に皮肉なものである。

堪忍は無事長久の基（もと）。いかりは敵とおもへ（『東照公御遺訓』）

忍耐・堪忍は最上の苦行である（『ブッダの真理のことば・感興のことば』中村　元訳）

参謀

もし人生の航海術の不足から道に迷ってしまったら、大きな失敗に陥らないように、腕のよい船長に頼るがいい。賢者も愚人も、行動に大差はない。ただ時を異にするだけのことだ。賢者はよい時期に、愚人は時期はずれに（『賢者の教え』バルタザール・グラシアン／加藤諦三訳）

あまり日本人に馴染みがないが、グラシアンは十七世紀スペイン・イエズス会の高僧であり、又学者であった人物である。ニーチエやショーペンハウエルらの大思想家に影響を与えた人物であった。彼の生きた時代は、世界的に道徳的価値観が崩壊し、欺瞞、偽善姦計がはびこり、更に貧困社会であった。どことなくバブル経済崩壊後の、現代日本に近い状況である。

国や企業の発展には有能な参謀を、又その人の人生を豊かにする為には、良き師よき友人に恵まれることが大切であろう。どんなに優秀な政治家であれ又企業経営者であれ、一人では大業を成し遂げることは不可能である。

『三国志演義』によると、蜀の劉備玄徳は諸葛亮（孔明）を軍師として三顧の礼をもって迎えたとされている。その時劉備四十六歳、孔明二十六歳の若者であった。時代は建安十二年（西暦二〇七）のことである。孔明を参謀として迎えた劉備の活躍は、水を得た魚のように目を見張るものとなった。「水魚の交わり」という言葉は、この時生まれたとされている。西暦二二一年、劉備は蜀漢の国を建て献帝から帝位を譲られ、四川省成都に都を造り昭烈帝となった。しかしその二年後、六十二歳で劉備は病となりこの世を去っている。彼の死後、孔明は魏（ぎ）との戦・「祁（き）山の戦い（二二八年）」では敗北しその時に指揮をとった、「刎頚（ふんけい）の交わり」のあった馬良の弟・馬謖（ばしょく）を斬罪に処している。敗因は血気盛んな馬謖が、孔明の作戦命令に従わなかったことにある。諺・「泣いて馬謖を斬る」はこの時の話に起因する。馬謖本人の希望で、この戦いの指揮官に登用したとは言え、前途有望な若者を失ってしまった。その自分の不明を恥じ、孔明は号泣して、馬謖に詫びたと伝えられている。

『日本書紀』天智天皇十年（六七一）の条に、百済から日本に四人の兵法者が渡来したと記載されている。日本最初の軍師と見られている。その後、吉備真備（きびのまきび）が唐に渡り儒学、天文、兵学などを学び天平七年（七三五）に帰国している。彼は陰陽道にも通じていた。この時代軍師と陰陽師とは同じで、戦国時代には占い師、祈祷師、修験者も活躍した。彼らを「軍配者的軍師」と呼び、その後登場する「参謀的軍師」とは区別されている。武田信玄の軍師である山本勘助は、両方の性格の軍師であったという。参謀的軍師には、武士階級特に戦国大名の重臣クラスの軍師が多く、竹中半兵衛（斎藤龍興重臣）、黒田官兵衛（赤松氏の一族・小寺則職家臣）や山中鹿介（尼子氏重臣）がいる。豊臣秀吉が天下を取れたのは、半兵衛と官兵衛二人の軍師が居たお陰であるともいわれている。

徳川家康も愛読したと伝えられる、帝王学の教科書に『貞観政要』がある。「貞観の治」と呼ぶ太平の世を作った唐の明君太宗（西暦五九八～六四九）と、彼の補佐役との政治問答集である。その中に次ぎの言葉が紹介されている。

政をなすの要は人を得るにあり

第三節　決断

小田原評定

月の出を待つべし　散る花を追うことなかれ　（中根東里　江戸時代の儒者）

後北条家の始祖・北条早雲以来「慈悲の政道」を信条にして、約百年に亘り栄えた小田原北条は、伊豆・相模・武蔵を中心に関東に覇を唱えた戦国大名であった。しかし、天正十八年（一五九〇）七月第五代当主北条氏直の時、全国統一を目指す豊臣秀吉二十二万の大軍の軍門に下ることになる。家臣三百人余りと共に高野山に追放され、翌年二月秀吉には一万石の大名に取り立てられるが、この年の十一月三十歳の若さで病死している。

「小田原評定」とは、この「小田原の役」で約三ヶ月に及ぶ籠城戦の末、秀吉との和議の評議が長引いて、結論が出なかったことをいう。結局後北条氏は、秀吉に滅ぼされてしまった。国や企業の会議での空転による決断の遅れが、国家の衰亡や企業の破綻に至ってしまうことが往々にしてある。

北条早雲や、第二代目当主で英明の誉れ高い北条氏綱の残した家訓を読むと、我々の学ぶべき事柄

を多く見つける事が出来るのである。例えば、「早雲寺殿二十一箇条」の中には、
一、上下万民すべての人々に対して、一言半句たりともうそを言うようなことがあってはならない。
二、友を選ぶ場合、良友として求むべきは、手習いや学問の友である。
三、刀や衣裳は他人のように立派なのをつけようとしてはならぬ。見苦しくない程度で満足し、決して華美に流れるようなことがあってはならない。
その他、神仏を崇拝し、正直一途に暮らし、寝る前に戸締りをして、午後八時までに寝て、朝は早く起き、日頃から武士の道である文武弓馬を練習するようになど、細部に亘って注意書きを残している。当時年貢は、五公五民が普通で、中には七公三民を要求する領主もいたが、早雲は四公六民にしていた。

早雲の子北条氏綱は永正十六年（一五一九）早雲の後を継ぎ、相模の国小田原城主になっている。彼の家訓の中に、「大将だけでなく、侍は義を守っていれば、後世の人から後ろ指をさされる事はない。義を守って滅亡するのと義を捨てて栄華を誇るのとでは格段の相違がある」とか、「人の能力にすたりはない。それぞれの能力を生かして登用するように」と言っている。そして「侍たるもの、高ぶらず、てらわず、それぞれ分をわきまえ行動しなさい」と書き残している。

それでは、何故小田原北条家は滅亡したのであろうか。

一つには、それまで後北条家は上杉謙信や武田信玄にも敗れたことがなかった。その結果、関白になっていた豊臣秀吉の力を侮り驕りが生じていた。二つ目には、氏直は父・氏政から、十九歳で家督を譲り受けた。その為、氏政が後見人として強力な発言権を持っていた。上洛し臣下となるよう命令

する秀吉の要求に対して、父の一派は強硬に反対した。一方氏直一派は上洛をしようとした。氏直の妻は徳川家康の娘で、舅・家康の薦めもあって、氏直は苦悩の中で秀吉の臣下になる事を決断した。ところが強行派は臨戦態勢を整え、天正十七年十月に北条方の猪俣邦憲が真田領を攻めたことにより、秀吉は約束違反と認め、後北条攻めを決定したのである。そもそも後北条家に、リーダが二人いたことが悲劇の始まりである。氏直は敗戦後、家康の女婿であったことから助命されたが、妻・督姫とは離縁させられ、高野山に追放となった。

善く戦う者は勝つとは、勝ち易きに勝つ者なり　（孫子）
（勝つ見込みのない戦争をするものは、必ず失敗する）

企業の意思決定

若いあなたも、いつの日か経営の為の意志決定をする時がある。商品の開発、発売、価格決定そして事業の撤退にあたって必ず経営者は決断を迫られる。日本では、決断にあたって会議を開くか、関係者の根回しのあとで稟議書を回覧したりして意思決定することが多かった。

稟議制は、もともと日本の官僚制の意思決定方式である。おおかたの民間企業もこの方式を採用していた。日本のバブル経済崩壊前には、この方式は安全な意思決定方式として世界中から注目され称賛を浴びていた。いわばみんなで渡れば怖くないという考え方で責任が分散され、誰がリーダシップを発揮しているのか不明確であった。むしろそれを美徳としていたふしがある。何故なら年功序列、終身雇用を慣行とした戦後の日本では都合がよかったからである。

ＮＨＫのテレビ番組に『コメディお江戸でござる』というのがある。江戸の住人を主人公にした番組で、この時は袋物を商う老舗が舞台であった。じっくりと時間をかけ考えて物事を決める番頭・甲と、彼と同期に奉公に来たせっかちな性分で、すぐに何でも決めてしまう手代・乙、店の旦那は遊び好きの婿養子、その妻で先代の娘が登場人物であった。袋物屋とは、現代風にいうと、ハンドバックとか財布、などのアクセサリーを商う店で、時代の流行に敏感な商売である。日本橋の支店を甲に任せ、本店を乙に任せたところ、両方とも赤字となり大損となってしまった。そこでおかみは考えた。今まで何故本店が繁盛したのかを。甲・乙性格の違う二人が力を合わせて商売をしていた時には旨くいっていたことに気が付いた。その結果、甲を再度本店に戻し婿養子には責任を持たせる為、支店に出す決心をしたというお話である。

筆者は一九九三年春に、これからのハイテクビジネス事業では、何でも取締役会で決定する従来のピラミッド型組織を改め、迅速に意思決定出来る下部組織が必要であると発表したことがある。営業・技術・製造経験者で構成する、執行センターを設置しそこに大幅な権限を与える。比較的現場の声が聞こえてくる専門家集団である。その智恵を生かそうというところに狙いがあった。

取締会は経営方針の策定、企業戦略の立案そして経営責任を負うことにある。日常の事業戦術・判断は執行センターに任せるというものである。

　半導体産業では冷戦構造の崩壊後、グローバル化が急速に進行していた。ますます国際競争力が激しくなるなかで、組織の意思決定の遅れは経営の命取りとなると感じたからである。稟議制度では、意志決定が遅くなるきらいがあった。九〇年に日本のバブル崩壊、続いて国際的統一化のもとにＢＩＳ（自己資本比率）規制が導入されると日本の金融・経済システムはガタガタと崩れ落ちて、遂に前代未聞のゼロ金利政策が採られたことは衆知の事実である。そして各企業はリストラの必要に迫まれ、多くの企業が執行役員制を導入しはじめた。ハイテク企業以外まで導入する勢いである。

　物事によっては、意思決定を急がないほうが良い場合もある。年功序列の方が良い場合もある。すべて迅速が常に良いとは限らない。恐らく最善の企業組織は存在しないであろう。各企業とも試行錯誤の下に経営しているのが現状であろう。

　世界最強のエリート士官学校ウエスト・ポイント（米国）では宮本武蔵の『五輪書』を手引書にしていると聞いた。武蔵の兵法の道は勝つことである。この学校では難しい決断をする時には「困難な道のほうが正しいと思え」と教えているそうである。急がば回れである。

企業の栄枯盛衰

　私が最初に液晶パネル（四桁程度の文字盤）を見たのは、一九七一年春頃であった。米国ニュージャージ州プリンストンのＲＣＡ研究所で、ＬＥＤやＣＤの試作品を開発研究者から直接見せてもらい説明を受けた。

これらを見た日本人は当時まだ極く少なかった筈である。この研究所を見学すること自体が大変名誉なことであった。

学生時代に卒論研究をする際、国分寺の日立中央研究所の電子顕微鏡を借用する為に出入りしていたので、ＲＣＡ研究所の規模には驚かなかったが、夢の開発品を次々と見せられてただ茫然としていた。

ところが数年後に、名門ＲＣＡ社が消えて無くなることなど、予測した人は皆無に近いであろう。確信はなかったが、漠然とした予感があったので、日本へレポートを書いたが当然誰にも相手にしてもらえなかった。

あれから三十年、今ではこの液晶は、生産額が世界全体で二兆円（二〇〇〇年）に近づくといわれる。最初に液晶を開発した企業は消滅してしまったが、その技術は日本企業に引き継がれて産業として大きく成長した。

同じように消えていった名門半導体装置企業にＧＣＡがある。ステッパーの老舗であった。既に多くの著名な学者が、この企業の倒産理由を研究し、論文で発表している。ちょっと古いが、文部省唱歌『鎌倉』の一節「興亡すべてゆめに似て」を思い出す。

私はこれら二社の共通点として下記理由を挙げたい。

（一）設備投資計画の失敗

(二) 市場及び技術動向の読みちがい

(三) 企業のおごり

である。(一) と (二) は倒産企業の常であるが、(三) は名門企業ほど起こりやすい。誇り高いのはよいが、顧客の存在を忘れ「天上天下唯我独尊」的誇りは頂けない。競争相手のいることを忘れてしまっている。

日進月歩の半導体産業では、市場の動き、技術予測の誤りが命取りなることは明白である。市場の成長に見合った投資は必要で、それを怠ると競争力を失うこと必定である。この二社共に、本業以外への投資に目が向けられていたことが、命とりになったと思われる。

企業にとって高い市場占有率を誇ることは良いことであるが、とかく落とし穴に入り込んでしまう。市場の声を聞く耳を失う危険があるからである。おごりである。よく企業の寿命は四十年といわれる。勿論四十年以上経ってもつぶれない企業は沢山ある。だからといって寿命が永遠でないことも又真理である。ベンチャー企業の規模では、ワンマン体制でも良いが、会社規模が大きくなるにつれて、企業参謀即ち専門スタッフの能力が企業の盛衰に関わってくる。

徳川家康が戦国の一大名から征夷大将軍となり、江戸幕府を開いた段階で、二元政治体制 (江戸の秀忠と駿府の家康) を引いたのも、専門能力の活用と情報収集力強化にあった。

聞くということは、情報がはいってくるもとである。幕末でも情報収集能力が競われ、それまでその能力の高かった水戸藩が、徳川斉昭の死と共に内部分裂しその力を失い、維新後は薩摩・長州に主役の座を譲っている。

企業の盛衰は歴史の興亡からも学ぶことが出来のである。企業は活性化の為に、しばしば組織の変更を行う。その組織も時代に合致したものでないと、意味を失うのである。

私自身四十年も半導体・装置産業に関わっているので、誠に興亡の激しい産業であることを実感している。エキサイティングな産業と言い換えることも出来る。人々は一度この産業に足を踏み入れると、なかなか他の産業には移って行かないように見られる。やはり魅力ある産業なのであろう。

第四節　創る

独創性について

一九九九年秋、江戸東京博物館で日米交流文化展が開かれた。米国セーラム博物館所蔵の展示品に、「ティルト・トップ・テーブル」と書かれた丸型の家具があった。幕末頃に長崎経由で米国に輸出された物であるという。これを見て、私はセーラムの町近くの半導体製造装置企業のバリアン社がかつて発売した、大電流イオン注入装置を思い出していた。このテーブルは、セーラムの館長によると、OEM製品で日本製である。英国で流行していたテーブルであるという。日本のちゃぶ台と発想が類似している。セーラム港は捕鯨基地として有名で、ジョン万次郎も漂流後助けられ滞在している。異文化との接点が早くからあった町である。幕末には米国の船が、オランダの旗を立てて、長崎に入港していたのである。

「赤信号、みんなで渡れば恐くない」。大都会の交差点で人々が毎日目にする光景である。非常に危険なことである。かつて日本は何をするにも、みなと一緒にしていれば無事に仕事が出来た。「和を以て貴しと為し、忤（さか）うること無きを宗と為せ」であった。

ＱＣ（品質管理）活動もこの延長上で成功し、日本に定着した。しかし個性を重視する米国では難しいという。そこでＣＯＯ（COST OF OWNER・SHIP）の概念が生まれたのではと考える。どちらも精神は、生産性向上が目的である。

一九八九年のマルタ会談により、米ソ冷戦終結宣言がなされ、この時を境にして、世界の政治・経済・社会の枠組みが変わってしまったのである。

半導体業界でも急に国際化が叫ばれ、「グローバル」なる言葉が使われ始めたのもこの頃からである。「テクノグローバリズム」なる言葉も生まれた。軍事優先から解放された米国の頭脳が、民生に移り再び力を取り戻したのである。更に韓国や台湾企業が猛烈な勢いで日本を追いかけ始めたのもこの頃である。欧米ではデ・ファクト・スタンダードが叫ばれはじめた。又ＩＳＯ規格取得がブームとなった。技術の覇権争いが、激しくなったのである。

一九九〇年のバブル経済の崩壊を機に、日本の技術力は、弱体化をはじめたように思える。半導体も例外ではない。そして今日に至っている。時代の変化について行けなかったのである。

明治維新後の明治四年十一月、岩倉使節団（約五十人）が世界一周の旅に出た。西洋文明を学ぼうという目的で、明治新政府が派遣したのである。木戸孝允、大久保利通、そして伊藤博文もいた。多くの若き留学生も欧米に送り込まれた。後にこの中から多くの日本の各界指導者が生まれている。公式記録として、随員の久米邦武が『米欧回覧実記』を書き残している。一読をお薦めする。欧米を実に細かく観察している。明治人は欧米に追いつき追い越そうと必死であった。その後日本は、北里柴三郎、志賀潔、高峰譲吉、鈴木梅太郎、野口英世、長岡半太郎そして本多光太郎等を輩出している。

第二次大戦後トランジスタが発明され、半導体産業が勃興した。その黎明期には、軍事産業に裏打ちされた米国企業が日本の先生であった。多くの先輩達が米国に行き、先端企業から技術指導を受けた。筆者もその一人である。技術ばかりでなく、ものの考え方や生活文化も教えられた。米国は夢の国であった。

幸か不幸か今の若い諸君には、先生となるべき国がない。親切に教えてくれる国もない。となるとあとは自力でやっていく道があるだけだ。

ところで、国の科学水準の高さの指標であるノーベル賞（自然科学分野）の受賞者数は、九八年までで四百五十六人である。その内米国が百九十二人で圧倒的な数である。日本は僅か五人である。最近はシステムLSIの重要性が叫ばれている。しかし半導体設計関係の国際学会では、日本の発表が一％と少ない（九九年）。

何故日本からは、独創的研究者が生まれにくいのであろうか。独創と追従（模倣）は紙の裏表の関係であるという。しかしベクトルは反対である。

ノーベル賞を受賞した福井・利根川博士などが創造活動には科学的直感が必要であると指摘している。事実多くの発明は直感から生まれている。その直感はハードトレーニングを積み重ね精神を統一することによって、自然と生まれてくるという。

その為には失敗にめげない楽天性と精神的強さを必要とするとも言っている。又「自分の専門分野プラスα」のαが大切で、それは境界領域の学問であると説いている。発見には既成の知識はあまり必要としないとも話されている。

独創的な能力を習得する為に、自らが動かなければならないのである。専門分野以外への挑戦、異分野の人との協同研究や討議、外国人との触れ合いなど、兎に角知的な飛躍が必要である。

半導体でも、シリコン酸化膜、ＣＭＰ、銅配線等の知見は、昔と今では常識が異なっていたのである。

既成の学問を否定し、技術知識の破壊も必要である。明治人の遺伝子をあなたも受け継いでいるのである。失敗を恐れず、新しい技術開発や学問研究にチャレンジし、独創的装置を開発してほしい。日本の為、世界の為に。若者には、既成概念にとらわれずに、自らを飛躍出来る可能性が、秘められているのである。

商品開発について

船や飛行機には船長や機長がいて、更に羅針盤が無いと、安全な運航が出来ないように、商品開発にも優れたリーダと羅針盤（指針）それに航海図（計画と目標）が必要である。

三十年以上も昔のことなので正確さを欠くかも知れないが、一九七一年春のことである。米国東海岸のフィラデルフィアのホテルで半導体デバイスの国際学会が開かれた。パネル討論会の会場は満席で、熱気に包まれていた。パネラーに、設立三年目のベンチャー企業インテル社・研究開発担当副社長のムアー（Gordon E Moore）氏がいた。

前年の十月にインテルは、世界初の商業用一KビットDRAMを発売し世界の注目を浴びていた。価格は十ドルであった。私は会場の最後列に立ち、背伸びをしてのぞき込むように討論を拝聴した。精悍な顔立ちの四十二歳のムアー氏が力強く発言した。「MOSメモリの価格を、一ビット一セント以下にして見せる」。一ドル三六〇円時代である。会場に驚きの声があがった。その光景を今でも鮮明に覚えている。低価格MOS　ICメモリの開発を世界に約束した、歴史的瞬間である。七一年十一月にはインテルは、世界初の四ビットマイクロプロセッサーを発売した。ここに本格的LSI時代を迎えることになる。

私は七一年の夏、シリコンバレーにあるIBM社の工場を、見学した。生産ラインに流れていたのは、第三世代の汎用コンピュータシステム360であった。論理素子としてハイブリッドICが使われていた。しかし主記憶素子はまだ磁気コアメモリであった。理由として、ICの安定供給や信頼性への不安、そして半導体の価格にあった。その為採用の機運が熟していないとされていた。しかしIBM社は、七二年八月にMOS　ICメモリを本格的に採用し、システム370を発表したのである。

七五年には早くもムアー氏が主張したように、一K－DRAMのビット単価は一セントを切り、〇・一セントに近くなっている（為替変動制で二九六・八四円／ドル）。

この頃の半導体産業には、累積生産高が倍増するとコストは約二七％低減するという習熟曲線効果が存在していた。需要が増せば、廉価な半導体デバイスをユーザに供給出来るのである。又半導体は歩留り産業で、工程改善によりコスト低減もはかれ、企業の収益も向上出来るのである。七〇年代にムアー氏は、製品レベルでＤＲＡＭ　一チップあたりの素子数が、一年半毎に二倍に大容量化（三年四倍則）すると予言していた。これを「ムアーの法則」と呼んでいる。又「比例縮小則（スケーリング則）」が、ＩＢＭのR.H.Dennard 氏により見いだされた（一九七四年発表）。

ＭＯＳ　ＩＣの素子寸法を１／ｋに縮小すると集積度はk^2になり各パラメータも一定比率で変化する関係が成り立つという法則である。いよいよＬＳＩ時代に突入し、半導体製造装置産業も大きく様変わりを始めていた。

七〇年を境に、ボストン郊外にはＣＡＤメーカが設立され始め、又イオン注入機のメーカも次々と産声を上げていた。これらの企業は、ほとんどが十人前後のベンチャー企業であった。

半導体と材料の業界団体ＳＥＭＩが設立されたのも七〇年である。この頃シリコンバレーのＩＣベンチャー企業を訪問すると、必ずＣＡＤで描かれた壁一面に貼ったＬＳＩの図面を誇らしげに見せられた。又一九六八年、ステッパーの原型である十倍の原版を製作出来るパターン・ジェネレータが、ＧＣＡ社で開発された。私は七〇年にこの装置を、ＲＣＡの研究開発ラインで見ている。当時の日本の現状と比較して、その技術格差に驚き、米国を羨ましく思ったものである。

二十一世紀を前にして世界の半導体産業は新たな局面を迎えていた。一九九九年十一月、二〇一四年までの技術ロードマップであるＩＴＲＳ（一九九九年国際間協調による半導体技術ロードマップ）が発表され、業界の方向が示された。これは装置屋にとって、飛躍出来るチャンスの到来である。リーダは羅針盤を持ち、スタッフは航海図を作成し、果敢に大海原の航海に乗り出してほしいと願っている。

創意・工夫能力の醸成

我々の身の回りは自動化されたもので埋め尽くされている。

自動洗濯機、電気釜、自動パン焼き機、自動ドアー、自動風呂沸かし装置、二十四時間風呂等など。子供の時から自動化された生活に慣らされた者が大人になった時、果して、創造性が生まれてくるのであろうか。子供時代に、どこかで意図的に不便さを体験させることが、将来の産業発展には大切なのではないだろうか。

一九七一年夏、筆者はＲＣＡのスタッフに誘われ米国ニュージャージ州の海岸にある、彼の義姉の別荘に海水浴にいった。別荘は三階建の豪邸であった。義姉は五〇歳を過ぎていたが、美人でしかも彼女の立ち振る舞いには優雅さがあった。それとなく聞いてみたところ、彼女は元ハリウッドの女優さんで名画『風と共に去りぬ』に出演していたという。浴室は二階にあり、三方がガラス張りで十五畳ほどの広さがあり中央に長さ二メートルの湯船（まさに舟形）が置かれ周りは絨毯で引き詰められていた。ガラス張りで恥ずかしかったが、暫く裸で立って考えていた。日本文化との違いに戸惑いを覚えていたのである。当時彼女の家には既に電子レンジ、食器洗い機など最新電化製品が完備されていた。そこには映画で見る夢の世界が、確かにあった。

同じ頃別のスタッフに誘われニュージャージ州の高校に見学にいった。住宅街にある中流の子女の通う公立の高校であった。そこの家庭科の実習室で見たものは、昔ながらの足踏みのミシンであり、ガスコンロであり旧式の流し台で、勿論電子レンジや食器洗い機など置いてなかった。そこで質問してみた。何故近代設備を揃えないのかと。その答えは「将来子供達が何処に住み、どの様な生活をするかは分からない。学校では生きて行く為の基本技術を教えることが大切である」であった。

テレビ番組で、若い女性に料理の基本をやらせる番組がある。最近みた番組では、鰹節が削れなくなっている。

恐らく薪を割り、竈に火をつけご飯を炊き、七輪に炭をおこし味噌汁をつくることなど、不可能に近いのではと思った。女子だけでなく男子でも鋸を引き、釘を上手に打つことが出来ないのではと思ってしまう。地震国日本ではいつ災害が起こるか、分からないと思うのだが。

一九五〇～六〇年代は、合金型ゲルマニウム・トランジスタの全盛時で、トランジスタ娘が活躍していた。ほとんどが手作りで進められる労働集約型産業時代であった。しかし日本の半導体産業の歴史を紐解くと既にこの時代に自動洗浄機とかペレット自動選別機、自動組立機が登場している。兎に角先達の苦労と努力に脱帽である。そしてシリコンＭＯＳＩＣ時代を迎える六五年には自動マスクアライナが日本に輸入され始めている。この頃の製造装置は自動といってもほとんどが半自動型で、完全自動型の登場は七六年のスパッタ装置、ワイヤボンダそれにウエーハプローバからであった。第一回セミコン・ジャパンが開催されたのは翌年の七七年のことである。いよいよ本格的ＩＣ時代に突入していったのである。

筆者も当時フルオートのプローバの仕事に携わっていた。自動化がうまく出来ず、顧客からこれはプローバではなくウェーハブレーカであるとのお小言を頂戴しては、頭を下げ回っていた。

現在では、市販されている半導体製造装置は例外を除いて、わざわざ完全自動装置などと謳わないであろう。

ノーベル化学賞受賞者白川英樹博士は、子供時代には岐阜高山の田舎で過ごされ、山野を相手に遊ばれたという。博士の創造性は高山時代に培われたのであろう。

高山と言えば「匠の技」で有名な里である。創意工夫という活動は、大人になって急に出来るものではなく、子供の頃から体で覚えた智恵の積み重ねの産物であろう。不便だから便利にしていこうという、意志の働きであると思っている。例えば、山国・山梨県出身者から、交通の事業家が多く生まれていることはよく知られている。生まれ育った自然環境と無縁ではなさそうである。

歴史は繰り返す

ここに一冊の技術書がある。『ボンディング技術』浅香寿一著／日刊工業新聞社／昭和四十五年三月三十一日発行。今から三十五年以上前に出版されたものである。若い頃の筆者も分担執筆している。このコラムを書く為に、書棚の奥から出してきて手にしたのも三十年ぶりである。記憶が段々よみがえってきた。当時薄膜ハイブリッド集積回路の開発をしており、その為フェースダウンボンディング（面実装）用のチップを開発していたこと等などを思い出した。当時の組立装置は未完成で、デバイスの信頼性確保に苦労したことなども思い出された。

二〇〇〇年七月号の『Semiconductor Fpd World』掲載記事に「ウェーハレベルCSPはチップ部品感覚で」があった。最先端実装技術についての解説記事である。CSP技術というと、若い世代には斬新なテクノロジーとして受け止めておられることであろう。

前述の書物を見ると分かることであるが、三十五年前に面実装技術の概念は既に出来上がっていたのである。まさに「歴史は繰り返す」である。筆者は学生時代、本多光太郎の弟子であった恩師からよく技術は繰り返すと聞かされていた。恩師は磁気録音技術を例に挙げて説明されていたように記憶している。

何故三十年前一度萌芽した実装技術が一旦すたれて、今装いを新たに又登場したのであろうか（ただしTAB技術は生き残っていた）。一言で表現するなら、冷戦構造が終結して、一九九〇年代に入り民生の電子機器市場のニーズが変化した為である。世界的な規模で進行しようとしている、IT革命時代の到来である。携帯電話、ノートパソコン、に代表されるモバイル機器の登場である。電子機器はより小型に、即ち軽薄短小技術が市場から強く求められたことと無縁ではない。漫画の『ドラえもん』の「どこでもドアー」の感覚で、電子情報機器を使いたいとの消費者の願望の現われである。

私は以前創造作業には、既存の技術知識の破壊も必要であると述べた。しかし今回は「温故知新」も技術の世界には生きていることを述べているのである。明らかに自分の意見が、自家撞着を起こしていることも承知の上である。

三十五年以上も前のこの本を紐解いてみよう。ワイヤレスボンディング技術について各種方法が解説されている。フリップチップ方式には、ボール方式（SLD）、バンプ方式、ペデスタル方式、コントロールドコラプス方式、デカル方式（ＲＣＡ社）があると紹介されている。その他の方法として、スパイダーボンディング方式（モトローラ）、ビームリードサブストレート方式（ＭＩＴ）、ビームリードマトリクス方式（ＩＴＴ）、ＳＴＤ方式（ＧＥ社）そしてＭＴＰ方式等も記述されている。この中でＩＢＭの開発したＳＬＤ（SOLID LOGIC TECHNOLOGY）は有名で、銅ボールにハンダメッキを施したフリップチップ方式である。実際大型コンピュータ用プレーナトランジスタにこの技術が採用されていたと聞く。当時社長賞を受賞したと記憶している。ＳＬＤ方法とコントロールドコラプス方式が現在のＣＳＰの技術に類似している。既にＳＬＤにはＳＯＧ膜が、そしてコントロールドコラプス方式にポリイミドが材料として使用されていた。又スパイダーボンディング方式は、今日のＴＡＢ方式の元祖かも知れない。

孔子の著した『論語』の為政編に「子曰、温故而知新、可以為師矣」がある。含蓄ある言葉である。学者により解釈が異なるが、漢の鄭玄（ていげん）によれば、煮詰めたスープを温め直して飲むと又味わいが違うように、過去のことをもう一度考えなおしてそこに新しい意味を発見出来る人が他人の師となれるということである。

捨て去った古い技術の中にも、時代が変わると新しい技術として蘇るものがあることを頭の隅に置いておくことも、又大切である。筆者の先輩に、昭和初期発行の『理科年表』のデータを用いて、素晴らしい電子機器を開発された先輩がいる。この技術開発に横浜市は補助金をつけ開発を援助した。古い家屋の耐震性を検査する装置である。古い故にデータに価値があり、技術が生き返った例である。昨日のカレーライスが、翌日美味しくなる理屈であろうか。

第五節　商い

マーケティングということ

半導体不況のトンネルをようやく抜け出すと、再び高成長が予測されて業界に活気が戻ってくる。このサイクルパターンは、業界の宿命である。世はまさにＩＴ革命時代、やれインターネットだ、携帯電話だ、そしてデジタル家電だとかまびすしい。情報検索関連ソフトでは一株一億円の企業も登場した。みな半導体産業あっての物種である。

今や情報・通信やゲーム産業が、半導体産業のお得意様であることを業界関係者は、忘れてはいけない。

ところで半導体・ＦＰＤのビジネスに参加したフレッシュマンを対象に、ビジネス入門講座と称しておしゃべりを展開することにする。

いつ頃マーケティング（Marketing）と言う言葉が生まれたのであろうか。意外に古く、一九一〇年頃米国にガソリンエンジンが登場し、売り手市場から買い手市場への転換が始まった。その為販売方法に変化が現れた。即ち顧客重視の始まりである。その考え方は、「商品を生産者から消費者へ合理的に能率よく流通させる為に、企画、市場調査、生産、宣伝広告活動、輸送、販売促進活動、そして商品販売の一連の活動」を名付けてマーケティングと呼んでいる。

一九七〇年秋、筆者は米国ＲＣＡ社に半導体技術導入の為滞在していた。当時ＲＣＡ社は名門企業であった。その頃インテル社はまだ生まれたてのベンチャー企業であった。渡米してニュージャージ州サマビルの下宿に入り一週間ほどたった頃、電話でペラペラとやられた。何を話しているのかさっぱり分からない。相槌のつもりで「Ｙｅｓ、Ｙｅｓ」と返事をした。翌日の朝下宿のおばさんが分厚い新聞を抱えて来た。おまえが注文したのかと聞くので、注文していないと答えた。そこで初めて昨日の電話の意味が分かった。タイミングよく、新聞の勧誘がくるとはさすがアメリカであると感心した。

同じ頃夜間の英会話学校に行った。早速アンケートを書かされた。よく見ると徴兵の為のものらしい。ベトナム戦争でアメリカが苦戦していて、おまけに街には、ヒッピーが溢れていた時代である。すべての項目に「ＮＯ」と答えた。すると「お前は女か」と聞いて来た。私はＮＯはＮＯであると答えた。お陰様で今無事でここにいるのである。

電話によるヒアリングや、アンケート用紙による情報収集もマーケティング・リサーチ（Marketing research）の手法のひとつである。

二十五年前初めて「Marketing manager」と書かれた名刺を米国人から受け取った時、その役割がよく飲み込めなかった。「マーケティング」には、多分に戦略性が含まれていると理解した。一方「Sales」には戦術性の意味合いが強いと思った。戦略（Strategy）にしても戦術（Tactics）にしても、もともと軍隊で使用されていた言葉である。最近はやりのロジスティックス（logistics）なる言葉にしてもそうである。よくビジネスはゲームであると言っているが、本質は戦いなのかも知れない。

かつて日本でもビジネスマンを「企業戦士」なる言葉で呼んでいた。私が強調したいのは、国にしても、企業にしても、個人にしても、「戦略」が必要であるということである。企業であるなら短・中・長期的視野に立った事業計画を立案し、その運用方法を考え、実行することである。戦いの相手は、競合企業、顧客、株主、協力企業、そして社会である。最近は、企業と社会との関わりが重要視され、ソーシャル・マーケティングとか、エコ・マーケティングなる言葉も生まれている。即ち企業が利益をあげる為には、一般社会をも包含した総合的な展望が必要とされている。社会倫理に反した企業活動は、もはや認められない。

一方戦術とは具体的施策で、この段階では新人諸君の活躍の場が大いに発揮されよう。若いフレッシュな考えは、若者の特権である。戦略と戦術が合わさってはじめて企業の活動にエンジンがかかるのである。

ところで、半導体製造装置のビジネスでは、カスタマ・インティマシー（Customer intimacy）が重要視される。まず顧客との親密な信頼関係の構築が大切である。冒頭に紹介した、電話やアンケートだけでは、顧客との親密な信頼関係は出来にくいであろう。インターネット広告やE―メールだけでも不足である。

日用品（Commodity）であるなら可能である。しかし最新の半導体装置ビジネスではまず難しい。やはり顧客に直接会い、顧客のニーズを聞き、顧客との接点を模索して行くことがどうしても必要である。その為にはまずあなた自身が顧客から信用されなければビジネスは始まらない。上質の情報を収集するには、顧客とのコミュニケーション技術が必要とされるのである。

CS（顧客満足）なることばが、八〇年代に米国で流行りだした。本来日本の企業が昔から、当たり前にやっていたことで、むしろ日本が最近忘れだしたことのほうが問題である。顧客が求めている物は何なのかをいち早く探り、それを商品化し、適正価格でタイミングよく市場に提供して行く。その体制づくりが企業に求められている。

マーケティング能力の優れた企業のみが生き残っていくことが出来るのである。かつて「よい製品」を出していれば企業は存続して行けると誰もが思っていた。「よい」ことの意味を再確認する必要がある。

営業という仕事について

最近多くの方から、業界の寡占状態を嘆き、あきらめに近い声も聞く。あそこは別格であるといった意見が発せられている。今では業界最大手に成長した企業でも、二十数年前には、毎日売上が上がらず、経営者が頭を悩ます弱小企業であったことをみなさん忘れておられるらしい。それぞれの企業の経営者と従業員の智恵と努力、そして顧客の信頼を得ることにより、彼らは今日の地位を勝ち得た結果なのである。

よく経営の秘訣は「運・鈍・根」であると言われる。時流（天の助け）に乗って「運」をつかみ、「根気」よく客と接し、ねばり強く自社事業を発展させて来たのである。日本語の「鈍」のイメージは良くない。しかし一方日本には「利口馬鹿に馬鹿利口」という言葉もある。「理に負けて非に勝て」と言う言葉もある。あなたはカミソリ型人間ですか、それともナタ型人間ですか。心理学者の多胡輝氏は「優秀な営業マンは下手なカウンセラー顔負けの心理学者である」と言っている。心理療法に「受容の技術」というのがある。それと同じ行動をしているという。顧客のニーズを引き出し、しかも顧客に満足を与えているという。

ところで顧客が製品を選択する基準について考えて見よう。

（一）製品の価格、（二）製品の仕様内容、（三）サービス体制、（四）メーカの信頼性、（五）製品の安全性、（六）営業マンの能力・人柄、（七）企業の宣伝力、（八）その他が挙げられる。

恐らく顧客が最後にはこれらの項目にウエイトを付け、総合評価をして製品の選択をして購買を決定するであろう。重要なことは、顧客は、いかなる時も自分本位で選択するということである。あなたの為とか、あなたの会社の為とか言うことはまずない。

「商売、経営に発展の秘訣があるとすれば平凡なことをごくあたり前にやる」。これは経営の神様と言われた松下幸之助さんの言葉である。そして含蓄ある言葉に「雨が降れば傘をさす」がある。自然体であれと説かれている。

ところが一番簡単なことが実は一番難しいことなのである。生まれつきその素養が備わっていてすぐ対応出来る人もいれば、詳細を指示されないと分からない人もいる。従って営業担当者にはその基本を訓練するか、又組織として戦略的にふるまう必要があるのである。

優秀といわれる営業担当社員に二つのタイプがある。欧米のエリート型と日本古来からの営業担当者型である。どちらのタイプが良いかは扱う商品や、顧客の所在地にもより断言は出来ない。要は営業担当者が、顧客から信頼されているかどうかに関わっている。その基本は、(一) 約束をまもる。(二) 誠実である。(三) 嘘をつかない。ことである。これも人として極あたりまえの事柄ばかりである。しかし顧客の信用は一日では築けない。

禅で知られる道元は『修証義』のなかで「他をして自に同ぜしめて後に、自をして他に同ぜしむる道理あるべし」と述べています。相手の信頼を得るにはまず自分を正さなければいけないと説いている。

ところで世の中には購買意欲の強い時もあれば、あまり振るわない時期もある。大事なことは、久々に巡ってきたチャンスは「時の運」と捕らえることである。その時にあなたの会社には「売るべき商品」が用意されていますか。もし無いなら今から次ぎのチャンスに備えて客先に出向き、教えを請いに行くことです。まずしっかりと営業のスキルを上げ、あなたの企業の業績向上に貢献してほしい。

第六節　組織

組織の論理と人情

富は泡沫の如く名はけむりの如し　（勝海舟）

一般的に、歴史は勝者の歴史といわれている。「勝てば官軍」の歴史である。

筆者は日本の歴史と民俗学をミックスした、少々風変わりな内容の本を処女出版した。この本が縁で多くの歴史上の人物のご子孫の方々と直接お話する機会が得られた。そこで新たに分かったことは、真実が後世に伝えられにくいということである。

勝者とか敗者とかはどういうことなのか、又歴史の真実とは何なのか、いろいろと考えさせられた。世間の人物評価は時代と共に、常に揺れ動いているということである。しかし一度人々が「黒」と評価した事柄は、なかなか「白」に変わることが少ないのである。

例えば赤穂四十七士のあだ討ちの評価について考えてみよう。徳川幕府の下した裁定は、吉良側に有利に働いたが、民の心情は二十一世紀の今日まで赤穂浪士側である。そもそもこの事件が起きたのは、元禄十五年（一七〇二）十二月十五日、寅の刻（午前四時）のことである。この時から三百年が経とうとしている。江戸時代も元禄になると経済成長著しく、町人文化も開花し、庶民の楽しみの芸能も多く、歌舞伎は元禄歌舞伎として発展していった。寛延二年（一七四九）十二月三日、ご存知、歌舞伎三大名作の一つ、『仮名手本忠臣蔵』が森田座で上演され、庶民の喝采を浴びることとなる。この物語の時代設定は室町時代でありフィクションである。ところが、人々には、赤穂浪士の吉良邸討ち入り話と捉えられていた。驚くことは、初演は「討ち入り事件」から半世紀近く経過しようとしていた。しかし庶民の心には赤穂浪士への同情心が残っていたと言うことであろう。もしこの演目が、江戸時代に上演されなかったらば、果たして赤穂浪士の人気が、今日まで続いていたであろうか。吉良と浅野家のトラブルの発端は、塩田経営に絡むことと指摘する学者もいる。いわゆる経済戦争である。

ところで最近、新渡戸稲造の『武士道』が注目を浴びている。一八九九年アメリカで執筆した『BUSHIDOU』である。日本における「武士道」の確立は、儒教思想をもとにしており、林羅山に始まり、赤穂藩士に多大の思想的影響を与えた、山鹿流陣太鼓で知られる山鹿素行、赤穂浪士に切腹を命じた将軍・徳川綱吉、その御側用人・柳沢吉保に仕えていた荻生徂徠（おぎゅうそらい）等、将軍や多くの儒学者達の活躍した時代に徐々に整備され、武士の「義」とか「仁」それに「名誉」などについて、その考えを明らかにした思想である。荻生は国家主義とか、近代的思想の元祖といわれる思想家である。彼は個人の「情」よりも組織の「義」を尊んだ。即ち「私」よりも「公」を優先すべきことを主張した。従って庶民と為政者との考えかたに、乖離が生じたことも事実である。この延長上に西郷隆盛人気がある。「情」を重視した西郷は、人々の心を掴むこととなるのである。話は飛ぶが、米国における陪審制度は、このような評価の矛盾を埋めるシステムとして生まれたのであろう。最近は日本でも国民参加の「裁判員」制度が検討されている。

私は、四十七士の眠る泉岳寺、荻生徂徠の墓（長松寺）、吉良邸跡それに山鹿素行の墓（宗参寺）も訪ねた。今でも赤穂浪士人気は絶大で、線香の煙が絶えることがない。因みに時代は違うが、勝海舟は吉良邸跡の目と鼻の先で生まれている。ところで、吉良上野介義央（よしなか）の息子が上杉家に入り、その子孫から名君・米沢藩主・上杉鷹山（治憲）が生まれている。治憲（はるのり）は、弱者をいたわり、木綿を着用し、藩の財政を建て直したことで知られている。彼の名は、米国の大統領のスピーチで紹介され、人気が上昇した。又しても逆輸入である。

佐賀藩の武士道の秘本『葉隠』に「盛衰を以って、人の善悪は沙汰されぬ事なり」とある。

清兵衛とその時代

忠臣を求むるは、必ず孝子の門に於いてす　（『後漢書』）

五年振りで見た映画が、山田洋次監督の『たそがれ清兵衛』であった。平成十四年度の日本映画賞をほぼ総なめにした話題の映画である。超満員で二時間立ったままで見ることになり驚いた。人々の琴線に触れ、感動させたものは何であろうか。

パンフレットによると、時は幕末元治二年（一八六五）冬で、庄内（山形県鶴岡市）の海坂藩十二万石、御蔵役五十石取りの下級藩士・井口清兵衛が主人公である。清兵衛は、戸田流の師範代であったほどの小太刀の使い手である。その彼に、藩の改革派である余吾右衛門を討てとの藩命（藩主の命令）が下るのである。余吾右衛門は一刀流の剣客である。妻に先立たれた清兵衛には、認知症の母と、五歳と十歳の娘がいるのである。その為、下城の太鼓と共に家路に急ぐ日々を送っていた。それに、幼馴染で清兵衛を恋しく思う、離縁し実家に戻っていた女性・朋江が絡んでくる話である。

侍の名誉とは何であったのであろうか。この映画の物語は、藤沢周平の三つの小説を組み合わせて出来た作品である。実際には、海坂藩は存在しない。鶴岡には、酒井家が藩主として、十五代に亘って在封した庄内藩があった。徳川四天王の一人、酒井忠次の嫡流で譜代の名門である。元治元年の藩主は、十一代酒井忠篤（ただすみ）で十七万石となっていた。しかし戊辰戦争後には、減封され十五万石になっている。

一八六五年四月七日から慶応元年と変わり、その三年後に明治の時代を迎える激動の時代であった。一八六四年、水戸藩では天狗党が挙兵し、又第一次長州征伐が始まり、高杉晋作が活躍する時代である。江戸では米不足で米相場が高騰した。その年の春には、一石につき銀一三九匁五分であったものが、翌年秋には三〇八匁にもなっている。従って銭も不足してきた。幕命により、物騒な江戸市中の警護は、庄内藩に任されることになったのである。この頃日本各地で一揆が起こっている。尊皇攘夷か開国かで国論を二分した時代である。清兵衛は、そんな時代に生きた武士である。庄内藩を語る上で、酒田の豪商・本間光丘（一七三二〜一八〇一）を欠いては語れない。七代藩主・酒井忠徳は、本間家の援助をえて藩政改革を行い、天明の飢饉でも餓死者が一人も出なかったという。領民の藩主・酒井家への信頼は絶大であった。

明治二年に入り、鶴岡藩、大泉藩と名を変えて藩の歴史を閉じている。ここに一つの歴史の謎がある。それは、慶応三年（一八六三）に庄内・松山二藩が、江戸薩摩藩邸を焼き討ちしている。ところが庄内藩は、維新後西郷隆盛の配慮があって減封は僅かであった。今日では鹿児島市と鶴岡市は姉妹都市である。

新渡戸稲造は著書『武士道』で、おべっかを使って取り入る「ねい臣」や、奴隷のごとく主君の意を迎える「寵臣」は軽蔑されたと書いている。主君と意見が分かれる時には、主君のいうことが非であることを説くことこそ、家臣のとるべき忠節の道であるという。江戸時代には、藩主の悪行・暴政が重なり、諫言しても聞き入れない場合には、「主君押込」が家臣団の手で行われていたのである。この事はあまり知られていない。しかし多くの武士は、「忠ならんと欲すれば孝ならず、孝ならんと欲すれば忠ならず」と頼山陽が日本外史で述べているが、悩み苦しんだ平重盛と同じ心境であったのであろう。

人材育成

マネジメントとは、事業に命を与えるダイナミックな存在である。そのリーダーシップなくしては、生産資源にとどまり、生産はなされない
（P・F・ドラッカー）

リーダシップを発揮した話と言えば、小泉総理が二〇〇一年五月の衆議院本会議所信表明演説で紹介して有名になった、長岡藩の「米百俵」話がある。

話の筋は、北越戊辰戦争に敗れた越後長岡藩は、七万五千石あった知行地が三分の一に減らされ、食料難に苦しむことになる。明治三年、その支藩である三根山藩が米百俵を差し入れた。この米を、古株の家老や藩士達はみなで分配して食べることを主張した。ところが長岡藩大参事・小林虎三郎は米を売却して学校（国漢学校）を創り人材の育成することを提案した。最初はみなから反対され、それを必死で説得したのである。この話は、昭和十八年に作家山本有三が戯曲『米百俵』を発表して世に知られることになった。

「目先のことに捉われずに将来を見通して行動する」ことの大切さを説いた逸話とされている。

虎三郎は、文政十一年（一八二八）越後長岡に生まれた。生後間もなく疱瘡に罹り左目を失っている。しかし勉学に精励し江戸遊学を許可され、ここで佐久間象山の門下生となる。

虎三郎を育てた象山（しょうざん・生地松代ではぞうざん）とはどのような人物であったのであろうか。

象山は文化八年（一八一一）に信州・松代藩（藩祖は真田幸村の兄信之）の書記の組頭で五両五人扶持（約七十石）の家柄の家に生まれた。子供の頃から漢学を学んでいた。秀才であるが性格はかなり強情であったという。

天保四年（一八三三）、象山二十三歳の時江戸に遊学し、佐藤一斎に師事し、朱子学・詩文を学んだ。この塾には、天下の英才達がひしめいていた。翌年水戸藩の俊才藤田東湖と交流している。三年後藩に戻った象山は、学校改革の意見書を提出した。二十九歳の天保十年（一八三九）江戸に再び出て、神田阿玉池（千代田区岩本町）に「象山書院」という塾を開いている。

この頃朱子学に凝っていた象山に藩主幸貫から、「西洋事情を調べよ」との下命があった。そこで伊豆韮山の代官で砲術の大家・江川太郎左衛門（坦庵）の門下に入った。三十三歳の時である。嘉永三年（一八五〇）四十歳の時、深川の藩邸に「砲術指南」の看板を掲げた。入門して来たのが、二十四歳の幕臣の勝麟太郎（海舟）であった。嘉永五年（一八五二）、四十一歳の時に麟太郎の妹・順を象山は妻に迎えるのである。坂本竜馬もこの年に入門している。翌嘉永四年、砲術と経書を教え、小林虎三郎や吉田寅次郎（松陰）等も入門してくるのである。この二人は「象山門下の両虎」と呼ばれている。

象山の「和芸洋才」の精神は橋本左内や横井小南にも影響を及ぼし、明治維新の原動力になっている。

ペリーが二度目の来航で浦賀にきた嘉永六年（一八五三）、松代藩藩主・老中真田幸貫（名君松平定信の息子）は、浦賀近辺の海防掛りを命じられた。藩の軍制改革を命じられた佐久間象山もこの中にいた。異様な風貌の象山を見たペリーは、象山に頭を下げたという逸話が残されている。

彼は硝子、地震計、医療器具を試作し、電信の実験も行っている。横浜開港を力説したのは、象山である。安政元年（一八五四）松陰事件に連座して江戸伝馬町の獄に入り蟄居を命じられている。

和親攘夷から開国攘夷論を唱え、公武合体を主張した為、五十四歳の時山階宮邸の帰りに攘夷派の刃に倒れるのである。

人の長所をみるべし。人の短所をみることなかれ　（佐藤一斎）

技術者と倫理

都内の大型書店巡りをしていて、哲学／思想書の置かれた棚に、『工学倫理』とか『技術者の倫理』とかの著書があり目に飛び込んできた。何となく違和感を持った。何故かと言うと、かつて米国人のアンケートでは、最も倫理感の強い信頼出来る職業人として「技術者」が挙げられていた。医者や弁護士ではなかったのである。筆者が米国に滞在した一九七〇年には、ＲＣＡに駐在する技術者というだけで尊敬された。当時まだ多少人種差別意識があった時代である。エンジニア（技術者）とテクニシャン（技能工）とは違うという。当時日本では職種として明確に区別されていなかったので、日本との意識の差に戸惑いを覚えたものである。以前大学時代の友人とこのテーマで議論したことがある。四十年以上研究・開発の現場で技術者として働いてきた彼は、本物の技術者であるならば、不正をする筈がないと自説を譲らなかった。

時代と共にその意識は移り変わってゆくのであろうか。古今東西の賢者は、倫理とか道徳についてどのような見方をしているのであろうか。

フランス生まれのアレキシス・カレル（ノーベル生理学・医学賞受賞）は著書、『人間この未知なるもの』・渡部昇一訳のなかで次ぎのように述べている。「現代文明によってもたらされた生活形態、教育形態、食物形態は、たぶん人間に家畜のような性質をあたえたり、感情的な衝動を不調和に発達させる傾向がある。現代文明のもとでは、道徳的理想に基づいて行動する人に出会うことはきわめて稀である。しかしそういう人はまだいる。精神と器官のバランスをとるためには、自分に内なる規則を課すべきである。道徳観念は知性以上に重要でその国に道徳観念がなくなったら、社会の構造全体はゆっくり崩壊する」と忠告している。その一方で精神を偶像化して崇拝することの危険性も指摘している。又「人は、崇高な目的に励まされた時、広い地平線を望んだとき成長する」と説いている。そして「科学の精神と技術は、人間の最も貴重な財産である」と言われている。

私自身何となく疲れた時、仕事で行き詰まった時、転機を迎えた時に山に登り地平線を眺め、又海岸近くの山から水平線を望んだ経験を持っている。そこで暫く瞑想すると、不思議と勇気が湧き、再び元気を取戻している。恐らく自然に対峙することで、崩れた精神のバランスの修復が行われるのであろう。どこかの薬品会社のテレビコマーシャルで聞いた記憶があるが、まさに「自然は偉大なホスピタル」である。

私の好きな言葉に「天籟（てんらい）」がある。「籟」には天籟、人籟、地籟の三種類がある。ものの響きのことであるが、雅楽で用いる笙の笛、ひちりきのことで、「天籟」は天の吹く笛の響きのことである。人籟は人の吹く笛の響きであり、地籟は大地の吹く笛の響きで地上のうろ（穴）が風を受けて鳴る響きである。人籟と地籟は聞くことが出来るが、天籟は無心にならないと聞くことが出来ないという。中国の戦国中期（西暦前四世紀）の思想家（道家）荘周の著作とされる『荘子（そうじ）』斉物論／参考：『老荘を読む』金谷治著に出てくる言葉である。万物はみな等しい（斉）のであるから思惟を去り、作為をすて、知の束縛から解放され、無心になりきって、自然のリズムと調和した時に、天籟をきくことが出来ると言う思想である。哲学的で分かりにくいが、現実の姿にとらわれ過ぎると本当の姿が見えない。その為「坐忘（ざぼう）」せよと説いている。この思想は、禅宗の座禅と深く関わっている。坐禅の作法を書いた『天台小止観』・関口真大訳のなかの「調和をはかれ」の項目に飲食を調節し、睡眠を調節し、身体を調え、気息を調え、心を調えよと教えている。調和が崩れると、大臣でも正常な判断が出来なくなる事を、国会答弁で教えてくれている。

江戸末期の儒学者・佐藤一斉は、「志気を剣のようにせよ」と説く。これは『言志四録』川上正光訳に収録されている言葉で、平生から精神を剣のように鋭利にしておけという。全てに変革の激しい現代社会に住むものとして、「技術者の倫理」とは何かを考えてみる必要がありそうである。全てにおいて、手抜きは科学技術を冒涜するもので、禁物である。

警句「天知る、地知る、我知る、人知る」・『後漢書』・楊震伝である。

第七節　競争と協調

呉越同舟

今日「呉越同舟」と言えば、仲の悪いもの同士が一所にいることとして理解されている。中国の春秋時代（前七七〇～前四五〇）、揚子江沿岸の新興国である呉と越（今の江蘇省と浙江省の地域）は、お互いに勢力を競い合い戦争が絶えることはなかったという。その状況下で生まれた言葉である。戦い中でも嵐の為舟が沈みそうになれば、お互い必死に助けあうであろう。兵は心を一つにして戦えば活路を開くことが出来ることを述べたものである。（兵法書『孫子』九地）

一九七七年十一月十六日から三日間、第一回セミコン・ジャパンが東京晴海で開催された。手元の記録によると、小間数百五十、出展社数百五十七、入場者数四千五百となっている。ドーム館前の会場で、会場スペースはガラ空き状態で、半分以上が保税品梱包材の倉庫場に使われ、来場者といえば他の展示会を見に来た高校生がついでに入場していた。連日閑古鳥が鳴いていた記憶がある。これが日本における最初の半導体製造装置・材料の専門展示会のスタートであった。そして競合各社の「呉越同舟」のはじまりの場所でもあった。当時は商社の時代で、米国製輸入商品が多く展示されていた。

その後パソコンブームにより日本の半導体産業が急成長すると、貿易収支不均衡から日米半導体摩擦がクローズアップして、政治問題化してきた。一九八三年にはＳＩＡが日本の半導体産業政策を批判しはじめた。

八五年に入ると半導体景気はにわかに曇りだし、世界的半導体不況に突入することになる。この不況は一九八七年中頃まで続くことになる。

一九八五年三月二十七日日本半導体製造装置協会（ＳＥＡＪ）が発足した。又ＳＥＭＩジャパンもこの年オフィスを東京に開設している。そんな中で第一回日米トレード・パートナーズ会議がハワイ・マウイ島で開催され、日米の半導体装置業界関係者が、日米貿易摩擦回避に向けて取り組みはじめている。八五年十一月十二日にＳＥＭＩ側から十六人、ＳＥＡＪ側役員等十六人が会合をもったことが、ＳＥＡＪの一九八六年会報（創刊号）に記載されている。そして八五年十二月一日の日本経済新聞では「米企業との対話促進・半導体装置摩擦回避へ」と報じられている。一方一九八六年の日本のＩＣ生産高は遂に米国を抜き世界一になる。このような状況の中で八六年「日米半導体協定」が締結され、日米の半導体貿易収支改善が促された。景気が回復すると、半導体製造装置も通商摩擦の対象とされた。一九八九年のことである。

しかしその後日本経済のバブル崩壊と共に日本の半導体景気も後退して行くことになる。

戦後日本は、米国に追いつき追い越せと一生懸命に、ガムシャラに働いてきた。その結果、気が付いて見たら半導体産業が日米間の政治摩擦となっていたのである。

我々は地球丸という舟に乗って「半導体産業」という御神輿を担いでいるのではなかろうか。担ぎ手のバランスが崩れると、神様が驚かれ警告を発するのであろう。

御神輿といえば、その担ぎ手として日本全国の祭りを回った経験をもつ筆者の中学時代の同窓生によると、道路の状況とか人の混み具合によってかけ声の調子を変え、歩幅を変えるのであるとのことである。

お互い住む国や働く企業が違っても、同じ産業で禄を食む以上は「呉越同舟」の精神を持つことも必要なのかも知れない。但し法律に反する行為はあってはならない。

ＳＥＡＪ／ＳＥＭＩの販売統計や、世界半導体市場予測（ＷＳＴＳ）は、このような経験をもとに、討議を重ね生まれて来た智恵の産物である。

コミュニケーションとは、「一個人・集団から他の個人・集団へ情報・理念・態度・感情を伝達すること」と定義されているがその語源には「他人と共有する」と言う意味が含まれているという。（『日本らしさの再発見』濱口恵俊著）

事業の発展の為には、切磋琢磨する必要から、良き競争相手が必要であり、又交流も必要とされるのである。

夢想

志ある者は、事ついに成る　　　（『十八史略』東漢　光武帝）

戦後の科学技術の発展には目を見張るものが多い。その中で特に電子技術の進歩は、善し悪しを別にして、我々の生活様式自体をも変えてしまった。特に半導体とコンピュータ産業の発展は、経済的にも日本を豊かにしてくれたのである。

ここで半導体の歴史を紐解いてみよう。ベル電話研究所（ＢＴＬ）においてゲルマニウムが増幅作用を示すことが発見されたのは一九四七年十二月十六日で、研究首脳陣への発表は十二月二十三日のことであった。点接触型トランジスタの誕生である。その時の中心的人物は、Brattain, Bardeen であった。

一九五一年になりＢＴＬでは、特性の不安定な点接触型に替わり、Shockley の提唱する「接合トランジスタ」の実験に成功した。このことが「トランジスタ」に対する評価を大きく高めたという。後にこの三人は一九五六年ノーベル物理学賞を受賞することになる。

夢その一…歩留り一〇〇％達成

「トランジスタとは歩留りの悪いもの」ということを、一九五二年頃の米国で、タクシーの運転手が知っていたと言う。（『半導体の理論と応用』植村泰忠・菊池誠著）

日本でもいち早く研究に着手し、昭和二十四年（一九四九）には電気試験所で、二十五年には電通研で追試を開始している。一方トランジスタの工業化時代が始まったのは、昭和二十九年（一九五四）のことである。神戸工業がＲＣＡと、東通工（ソニー）は Western Electric と特許契約を結び、生産を始めている。その後は続々と大手電機メーカ各社が半導体事業に着手し、精鋭技術者を送り込んでいる。ところで一九五六年頃の合金型トランジスタの歩留りは、一〇％以下という惨状であったことが鳩山道夫博士の著書に記述されている（『半導体を支えた人々』）。当時真空管の製造歩留りは、七〇、八〇％以上あったらしい。九〇年代中頃から、日本で異業種分野から多くの企業がＩＣ産業に参入してきた。この頃、半導体産業が歩留り産業であることを、ご存じない生産技術者がかなりおられた。「歩留り」と言う言葉を聞いて驚かれ「半導体は工業では無い」とまで言われていた。

思い起こせば敗戦後、海とも山ともつかない物の商品化に踏み切った、当時の多くの先覚者のその勇気、熱意とそして努力に敬意を表したい。その後半導体は超々ＬＳＩに発展し、今では基幹産業の仲間入りを果たしている。誕生から既に半世紀以上が経過したが、歩留り一〇〇％達成は、まだ夢の又夢の状態である。半導体にしてもＦＰＤにしても大いなる発想の転換が必要なのかも知れない。

夢その二…完全自動の半導体製造装置の完成

記憶がおぼろげであるが、九〇年代初め頃のことであろうか、あるセミナーで西沢潤一博士がシリコンウエーハを製造装置に入れると半導体デバイスになって出てくる「ベンディング・マシーン」構想について話をされたことがある。大変夢のある話なので、筆者の頭の隅にいつまでも残っていた。個々の装置の自動化はかなり早くから検討されていたが、本格的自動化の取組みは、やはりマイコン制御の装置が登場した、昭和五十二年（一九七七）以降のＬＳＩ時代に入った頃からと言えるであろう。一九八四年頃に入り、日本では工場のコンピュータ化の動きが始まった。ＦＡ化ブームの動きである。ひとつにはクリーンルームから人を極力排除して無塵化を図り、歩留りを確保する必要からである。ウェーハを真空チューブの中で搬送するアイデアや、ビスケット工場のイメージのラインも提案されていた。その後ウェーハの搬送には、ロボットや天井走行の方式が採用され、又装置制御や工程管理用コンピュータの通信系の標準化も図られていった。しかし各種センサーが完成されていない為、現在まだ完全自動化の夢は実現していない。

半導体デバイス自体の技術進化を遂げながら、同時に歩留り向上も確保し、事業として利潤を追求しなければいけないという、この産業のもつ宿命なのであろうか。

この半導体デバイスの技術限界が分かり、進歩が止まったその時に、完全自動化された製造装置は完成すると思われる。果たしてそれは何時来るのであろうか。

第二章

乱世を生きる

第一節　武士道

武士道の原点

心に死を覚悟するのを第一の心がけとする　（大道寺友山）

山鹿素行に兵学を学び、会津藩や福井藩に仕えて、一七一四年（正徳十四年）に『武士道初心集』を著わした友山が「武士道の真髄」の条で述べている言葉である。同様の思想がこの二年後の享保元年、佐賀鍋島藩士・山本常朝と田代陣基（つらもと）の『葉隠』でも書かれている。『葉隠』では「武士道といふは死ぬ事と見付けたり」となっている。何故この時代に、このような思想が生まれたのであろうか。この時代の世相を検証しておこう。

乱世も終わり、徳川家康が征夷大将軍（一六〇三年）に就任して約百年が経過し、人々が泰平ムードに酔っていた頃、「元禄文化」が開花した。町人階級の勃興が目覚しく、上方を中心に人形浄瑠璃、歌舞伎、義太夫節が人気を博し、井原西鶴、竹本義太夫、近松門左衛門、坂田藤十郎、市川団十郎らが活躍していた時代である。又松尾芭蕉が「奥の細道」の旅に出掛けたのもこの頃である。一方で赤穂浪士の「吉良邸討ち入り事件」は、元禄花見酒に浮かれていた江戸の住人に衝撃を与えた。「生類憐れみの令」の犬公方・将軍綱吉、家宣、そして家継と続く時代のことである。一七一二年（正徳二年）、勘定奉行・荻原重秀が私腹を肥やし、銀座役人の不正に連座して罷免されている。この頃「目明し」に不正を働くものが多く、その為「目明し」の使用禁止令が出されている。江戸では贅沢がはびこり、旗本にも戒告を発し、女装の華美を禁じている。奢侈を規制する為、屋形船や辻駕籠の数まで制限したりしている（正徳三年）。翌年には、大奥女中・絵島が山村座役者・生島と密通し、流刑となる事件も起きている（絵島生島事件）。将軍のお膝下も相当に弛緩していたのである。又同じ年に銀貨改悪の罪で、銀座年寄りや役人が更迭されている。寺社までも拝金主義に毒されていて、その為境内や門前地に劇場や、遊女を置く事を禁止している。経済は混乱し、銭相場が高騰して武士や庶民の生活を圧迫していた。正徳五年には金銀の流失を防ぐ為に、長崎貿易の輸出品目を制限している（正徳新令）。世は乱れに乱れていたのである。

紀州藩主・徳川吉宗が第八代将軍として登場したのは、そんな時代、一七一六年（享保元年）のことである。吉宗は家康の施政を幕政の手本とした。まず現実無視の文治政治を改め、老中格・間部詮房や儒教的仁政主義者の侍講・新井白石を罷免した。翌年大岡忠相を町奉行に登用している。吉宗は大奥の乱れを戒めた。そして江戸町費節減令を出し、人身売買を禁じたり、官僚制を整備し、旗本・御家人の財政を救済したり、年貢収納の強化、商業資本の統制など、政治経済の改革に着手した（享保の改革）。幕僚から目明しまでが、不正を働いていた時代である。そこで幕府は、世の不義を正すことを急務とした。江戸城竜の口評定所前に、目安箱も設置された。享保三年に江戸町奉行所に提出された訴訟件数は、三万五千七百九十件に上り、その九割が借金を巡る訴えで幕府もお手上げの状態であった。そこで当事者の話し合いで解決させる「相対斉法（あいたいすましほう）」を採用したが、借金の踏み倒しも多く、奉行所は関与せざるを得なかった。

武士はつねに不義を慎み、義の道を歩むことが大切である、また僅かの間といえども勝負の気構えを忘却してはならない　　（大道寺友山）

憂国《ゆうこく》の至情

かくすればかくなるものと知りながらやむにやまれぬ大和魂　　（吉田松陰）
武蔵野に見し月影を唐（もろこし）の山のふもとにけふみつるかも　　（小栗忠順）

幕末・維新の激動期に多くの傑物が輩出した。中でも対極関係にあった双璧、吉田松陰と小栗上野介忠順（ただまさ）にスポットをあてて国を思う気持ちを探ってみる事にする。

一八五四年（安政元年）一月、米国のペリーが、日本に条約の締結を迫り軍艦を率いて再び来航した。開国か攘夷か、老中阿部正弘は朝廷に報告し、諸大名や幕臣にも意見を求めた。しかし挙国一致体制を構築出来なかった。この年の三月、二十四歳の吉田寅次郎（松陰）は、金子重之助と伊豆下田港に停泊中の米艦に乗り込み、密航を企てて失敗し江戸北町奉行所に護送された。泉岳寺前に通りかかった際に、冒頭の詩を詠んだとされている。既に、江戸幕府とペリーは日米和親条約に調印し、下田・箱館の二港を開港することを決めていた（神奈川条約）。密航の目的は、先進文明国の実態を把握することにあったのだ。その後松陰と重之助は長州藩に幽閉され、のちに松陰は実家の杉家にて蟄居させられた。そして安政四年十一月、二十七歳の松陰は叔父・玉木文之進の松下村塾を継承した。のちに勤皇の志士となる久坂玄瑞、高杉晋作、伊藤利助（博文）、山県小輔（有朋）らが入塾している。

井伊直弼が大老になり、安政五年六月に勅許を待たずに日米修好通商条約に調印した。将軍継嗣問題から、一橋慶喜の擁立を主張する大名は幕府を激しく非難し、尊王攘夷派も加わり日本国内は騒然となった。そして井伊直弼は反対派を厳しく弾圧した（安政の大獄）。松陰には倒幕の考えは無かったが、安政六年五月に松陰は幕府に呼び出され、十月江戸伝馬町の獄舎において死刑に処せられている。

身はたとひ武蔵の野辺に朽ちぬとも留め置かまし大和魂　（吉田松陰）

一八六〇年（万延元年）正月（陽暦二月）、幕府は条約批准の為米国に使節団を派遣した。正使は外国奉行・新見正興、副使・村垣範正、立会目付け・三十二歳の小栗忠順（ただまさ）らを当てた。護衛艦「咸臨丸」には軍艦奉行・木村摂津守、船将・勝麟太郎（海舟）や奉行の従者・福沢諭吉らが乗り込んでいた。正使一行は、ワシントンで批准書の交換を行い、その後喜望峰回りで香港に寄航し九月に帰着した。一八六〇年（万延元年）三月、井伊大老は水戸浪士を中心とする反対派の襲撃を受け桜田門外で凶刃に倒れた（桜田門外の変）。使節団一行は香港滞在中、阿片戦争を聞き、又井伊大老の訃報を耳にしたのである。小栗の前掲の詩は香港で詠んだものである。小栗は帰国後すぐに外国奉行となり、勘定奉行・江戸町奉行・軍艦奉行と幕府の要職を歴任し、幕政改革を断行したのである。福地源一郎は、「幕末の三傑」として、岩瀬忠震、水野忠徳それに小栗忠順を挙げている。小栗の最大の功績は、一八六六年（慶応二年）に横須賀製鉄所（造船所）を建設していることである。慶応四年正月十三日、江戸にいる大名と旗本を集め、最後の江戸城会議が開かれた。徳川慶喜は前日に大坂から戻っていたのである。この席で小栗は主戦論を唱え罷免され、一八六八年（慶応四年）二月彼の采地である上州権田村に帰農した。しかし新政府軍に無抵抗で降伏したが斬首されている。『人物論』三宅雪嶺著では、「小栗が新政府に出仕していたら、彼は大隈の上に出て、西郷も大久保も小栗の言うことを聞いていた」であろうという。小栗は、いつも回りの人に語っていた言葉がある。

国亡び、身斃（たお）るるまでは、公事に鞅掌（おうしょう）するこそ、まことの武士なれ
（小栗忠順）

（注）鞅掌…忙しく働くこと

激動の時代を生きる

人を相手にせず、天を相手にせよ。
天を相手にして己を尽て人を咎めず、我が誠の足らざるを尋ぬべし　（西郷南洲《隆盛》）

やっとITやデジタル家電ブームの波に乗れたと思ったら、今度は世界的な半導体不況が到来する。これはこの産業が辿って来た歴史でもある。一方で不況を経験することにより、半導体産業の規模はますます大きくなっていく。すると世界経済に与える影響も深刻である。筆者は、この不況を何度も経験している。脳裏には八〇年代に入って経験した不況時の情景が色々と浮かび上がってくる。当時最新鋭の設備を装備した、大規模な半導体プロセスセンターを建設した途端のことであるから、経営陣は勿論のこと、幹部及び社員は塗炭の苦しみを味わうこととなった。しかし日本の半導体産業が、米国を脅かすまでに強くなって再生したのは、この世界的不況の後のことである。まさに「禍福はあざなえる縄の如し」である。

ところで日本の歴史を紐解くと、戦乱に明け暮れていた戦国時代は百五十年間も続いていたのである。応仁元年（一四六七）、応仁の乱が起こり、元和元年（一六一五）、大坂夏の陣の決戦で豊臣秀頼・淀君母子が自刃し、大坂城が陥落して豊臣氏が滅び、徳川家康が名実共に天下を掌握することで、戦国時代は、幕引きとなったのである。翌元和二年家康は、徳川家の安泰を確認した安堵からか、駿府城で没している。それから二百五十二年後の慶応三年（一八六七）十月には大政奉還が布告され、明治元年（一八六八）四月の江戸城無血開城によって、江戸幕府は瓦解したのである。この時の立役者は、ご存知の、官軍参謀・西郷隆盛と幕臣・勝海舟であった。開国だ、尊皇攘夷だと国論が二分する発端は、嘉永六年（一八五三）六月三日の開国を迫るペリーの浦賀来航である。吉田松陰等が処刑された安政の大獄、鳥羽・伏見の戦いに始まって、箱館五稜郭までの一連の戦い、即ち戊辰戦争、そして明治十年（一八七七）九月二十四日に終結する、不平士族が引き起こす西南戦争まで、日本の近代化の為になんと多くの犠牲者を出したことか。時代は飛ぶが、昭和二十年（一九四五）八月十五日の第二次世界大戦での敗北。敗因として、「経済力」不足と過度の「精神性」強調とされている。多くの犠牲者を出しながら、日本は民主主義国家へと変貌し、そして生きながらえた。敗戦後、国民は日本再建に向け、みな一生懸命働き、又努力した。その結果経済大国へと成長した。それもつかの間で、一九八九年に米ソ冷戦の終結、翌年の一九九〇年には日本のバブル経済崩壊に至った。泣き面に蜂で、又しても第三の黒船の来航である。即ち経済の「グローバル化」という黒船の襲来である。激動の時代の始まりである。今我々は、「規制緩和」、「構造改革」という呪縛で身動き出来ずにいるのが実態であろう。もし日本に、経済戦争の敗因があるとするならば、「物」は輸出したが「日本の価値観」を創出出来ず、輸出出来なかったことである。いつも外国の後追いで、外圧に対する外交戦略を持ち合わせていなかったことである。国力とは、「経済力」とその国の民が有する「精神力」と合体されて、初めて維持出来るのである。紙の裏表の関係にあると考えるが如何であろうか。

勝海舟の『氷川清話』に次ぎの文章がある。「人間は、難局に当たってびくとも動かぬ度胸がなくては、とても大事を負担することはできない。ややもすれば、知恵をもって一時のがれに難局を切り抜けようとするけれども、知恵には尽きるときがあるからそれはとうてい無益だ。昔の人は根気が強くて確かであった。日蓮や頼朝や秀吉を見てもわかる。彼らはどうしても弱らない。どんな難局をでも切り抜ける」一考に価する言葉である。

第二節　乱世

乱世

株を守りて兎を待つ　　（『韓非子』）

中国・春秋戦国時代の法家を代表する思想家・韓非（前二九五頃？～前二三三）の言葉である。日本のことわざで表現すると、「柳の下にドジョウはいない」というところであろうか。「宋の国の農夫が畑を耕していると、一匹の兎が飛び出して来て、木の切り株に頭をぶつけて死んだ。それからは、農夫は仕事をやめて兎が出て来るのを待った。しかし二度と獲物は得られなかった」という話である。『韓非子』では、「時代によって物事は変化するのであるから、先王の政治のやり方で民を治めようとしても上手く行かない。物事に応じて対応を変えなくてはいけない」と説いている。どこかバブル経済崩壊後の、日本の政治や経済、そして企業の状況と類似している。韓非は韓の王族の一員であったが、母親の地位が低かった為、あまり恵まれた境遇ではなかった。それに戦国の世であり、弱肉強食の厳しい情勢下にあって、人を信じることの難しい時代でもあった。その為か、韓非の思想は「人間性悪説」に根ざしている。

秦王・のちの始皇帝は『韓非子』を読み感激し、韓非が敵対する韓の公子であることを承知のうえで、彼に会うことにした。その時秦国の宰相は李斯（りし）であった。李斯と韓非は、かつて荀子の下で学んだ同窓生であった。李斯は韓非の才能を良く承知していて、高く評価していた。その為韓非が秦国に来ると、自分の地位が脅かされると思った。結局李斯の謀略によって韓非は投獄され、獄中で殺されてしまうのである。

人は、置かれた時代、環境、境遇等の状況によって、思考、性格そして行動が変質してしまうことを物語っている。

『韓非子』・亡徴編に「民心が宰相に集まっているのに、君主はまだ宰相を信頼していて、辞任させようとしない。この国は亡びるであろう」とか、「国内に人材が居るのに、他国の人間を登用するとき、その人物の功績を検討せず、名望の有無によって採択を決め、高位につかせる。この国は亡びるであろう」と書いている。因みに李斯は楚の出身者であった。後に李斯は『史記』に「泰山は土壌を譲らず、故に能くその大を成す」（異質の人間を合わせ包含する度量がなければ、大事業を成し遂げることは出来ないの意）の言葉を残している。彼がスパイ容疑で、秦国王族や重臣から追放されかかった時の言葉である。

李斯と、宦官の趙高は始皇帝の死後に、詔命に背き太子を差し置いて、弟・胡亥（こがい）を二世皇帝に祭り上げた。しかし間もなく李斯は、趙高の奸計により、胡亥の怒りに触れ処刑されている（前二〇八）。それから二年後、秦国は滅亡したのである。始皇帝が天下を統一（前二二一）してから僅か十五年後のことである。まさに因果応報の世界である。韓非は言う、「君主が意気地なしで、予測するが決断力も実行力もない国は、やがて亡びるであろう」。

後に魏王を称する『三国志』の傑物・曹操（西暦一五四～西暦二二〇）のように、優れた戦略家であれば群雄割拠の時代には、宦官の家の出身者も王になることも可能であった。乱世が人を作った時代であった。

子は治世の能臣、乱世の姦雄　（『十八誌略』・後漢）

乱世と龍

雲は龍に従い、風は虎に従う　（『伯夷伝』司馬遷、『易経』乾掛）

天子に徳があれば必ず賢臣が現われるという意味である。

乱世や政情不安定な世では、誰しも救世主となる英雄の出現を待ち望むものである。中国では五本爪の龍は皇帝を象徴する想像動物である。庶民の英雄待望論が龍を産んだのであろうか。今壁画保存方法を巡って注目されている、キトラと高松塚古墳には天の四方の神として、「四神」の玄武・朱雀・青龍・白虎が描かれている。果たして東方の守り神・青龍が再び蘇って、二十一世紀の日本に登場するのであろうか。

私の子供の頃、正月に角凧「龍」を上げていた。しかし同じ横浜でも山間部では、端午の節句であった。漁村と農村地帯との違いなのであろう。龍神様には雨水を守護する神として、京都・貴船神社には鞍馬山の龍神・高オカミの神・闇オカミの神が祀られている。その昔には吉野山中の丹生川上神社が朝廷の雨乞いの神であった。海神（わたつみ）で航海の安全を司る神も龍神である、香川県の金毘羅詣で有名な、金刀比羅宮の「コンピラ」は梵語の蛟龍で龍神である。


蛟龍（こうりゅう）雲雨を得れば、終に池中の物に非ず　（『呉志』周瑜傳）

英雄や豪傑が時運を得ればいつまでも雌伏はしていないで、実力を発揮することを言う。因みに、蛟（みずち）はへびに似て、角と四足とをもつ想像上の動物で、水中に棲息し雲雨に遭えば天上に昇り龍となるとされる。

類似の言葉に、「伏龍鳳雛（ほうすう）」とか、「臥龍（がりょう）鳳雛」と言うのがある。まだ世間に知られていない大人物や将来有望な若者を喩えていう。三国時代に蜀の「諸葛孔明」を伏龍に、「龐統（ほうとう）・（士元）」を鳳凰の雛に喩えたことに始まる。二人は蜀の劉備に仕えた臣である。

「龍顔」という言葉がある。天子の顔のことで、漢の高祖劉邦（前二五六～前一九五）の顔が龍に似ていたことに始まる。彼の母が湖のほとりで龍神に出会った夢を見た。その時雷鳴が轟き蛟龍が現われ身ごもって生まれたのが劉邦だという。劉邦は、後に十二年間天下を手中に入れることが出来たのである。

鎌倉周辺には、龍にまつわる話が数多く残されている。常楽寺は第三代執権・北条泰時ゆかりの寺で、仏殿の天井に雲龍図が描かれている。夜な夜な水を飲みに出掛ける為に両眼を塗り潰したとされている。よく知られた「画龍点睛を欠く」の言葉は、中国・金陵（南京）の安楽寺の壁画に四匹の龍を描き、その内の一匹に晴（ひとみ）を入れたところ雷鳴が轟き稲妻が光って龍が雲に乗って天へ昇ったという故事に基ずく話である。因みに、鎌倉・建長寺の法堂雲龍図（平成十五年開眼）には晴がある、しかも五本の爪である。

『太平記』によれば、元弘三年（一三三三）、名将・新田義貞軍六万余が鎌倉に攻め入った。しかし道は狭く、沖には北条軍の大船が矢を射掛けていた。義貞は兜を脱ぎ、黄金作りの太刀を抜いて、海に向かって龍神に祈った。そして太刀を海中に投げ込んだ。すると奇跡が起こり、稲村ガ崎が二十余町（約二・一八㎞）に亘って干上がって、鎌倉に攻め入ることが出来たという。

江の島の弁才天が乱暴ものの五頭龍に勝ち、遂には夫婦になった話がある。龍口明神社には龍神が祀られている。源頼朝や北条氏も江の島の弁才天を崇敬していた。北条時政は、龍神より玉を受け、「三鱗」の家紋は、その時の神験によるとされている。

亢龍　悔いあり　　（『易経』乾卦）

栄華を極めた者は、いずれ衰亡の道を辿る運命にある。

軋《きし》みと乱れ

焼野の雉子（きぎす）、夜の鶴　　　　（『発心集』鴨長明編）
（子を慈しむ、母の愛の喩えを表現した言葉である）

庭で鳩がカラスに襲われていると、妻が伝えてきた。前日の夕方、私は野良猫一匹と山鳩一羽を庭で目撃していた。どうもこの猫に襲われていたらしい。早朝にカラスが騒いでいたのはこの為らしい。朝十時頃机に向かっていると、山鳩二羽が低い声で悲しそうにクッツ、クッツと鳴きながら、松の小枝にとまっていた。しかし鳴くだけで山鳩は動こうとしない。半時もそうしていたであろうか。この後もこの二羽はなかなか庭を去ろうとしなかった。恐らく襲われた山鳩の親であろう。鳥にも「惻隠の心」があると、私はその時悟った。妻は「かわいそうに」と言った。

ところで、今日本の治安は戦後最悪であるという。多発する詐欺・窃盗・監禁・誘拐そして強盗殺人事件。増加一途の少年犯罪。親捨て、子捨てが起こっていると言う。深夜でも町を徘徊する少年少女。親は携帯電話があるから安心であるという。リストラに伴って、随所で社会や家庭の軋みが生じている。

八代亜紀の『愛の終着駅』を少しもじってみた。「社会のみだれは家庭の軋み、愛やお金の迷いじゃないですか、……」。人にもせめて鳥並みの「惻隠の情」が欲しい。

江戸時代中頃、多発する犯罪取締まり強化策として、老中主座・松平定信は、「火附盗賊改方長官」に長谷川平蔵宣以（のぶため）を登用した。池波正太郎の小説『鬼平犯科帳』でお馴染みの実在の人物である。定信の「寛政の改革」の一環である。定信は八代将軍・吉宗の孫である。しかし田沼意次の画策で、陸奥白河藩主として養子に出され、ここで天明の飢饉を乗り越え名君の誉れを得たのである。手段が悪いが意次に賄賂を贈り、彼は兎に角幕閣に登用された。十一代将軍・徳川家斉の治世のことである。「火附盗賊改方」は、町奉行とは別に、町人・浪人・無宿人・寺社奉行管轄の僧侶、時には直参旗本も捕まえることが出来る、特別警察であった。平蔵が活躍したのは、天明七年（一七八七）から寛政七年（一七九五）までの約八年間であった。

金権政治家の権化田沼意次が老中に就任したのは、安永元年（一七七二）のことである。田沼家はもと足軽であったが、やがて十代将軍家治の側用人となり、遂には老中にまで昇り詰めた人物である。田沼時代は、商業・高利貸資本主義政策を採り、やがて行き詰まり幕藩体制の基礎である本百姓階層が分解した。その為農村の荒廃が進み、貧農細民層が急増した。更に武士階級の経済的破綻、腐敗政治が横行した。その責めで老中・田沼意次は罷免され、彼の一派の幕閣は辞任に追い込まれた。天明三年（一七八三）の大飢饉、数年続く凶作は、悪徳商人の米買占めで米相場が暴騰、天明七年五月江戸四里四方で打ち壊しが頻発した。その翌月松平定信が老中になった。農村に対して貯穀奨励や、人足寄場を設け窮民救済を図り、「混浴禁止令」を出し綱紀を粛清した。又旗本・御家人を救済する為、「棄捐令」を札差に命じている。彼は朱子学の必要を感じ振興に尽力した。しかし定信は、寛政五年

（一七九三）三十六歳で罷免されている。改革への厳しい姿勢が、朝廷・将軍・大奥の反感をかった為である。驚くことにこの頃江戸城内でも賭博が行われていたのである。「棄捐令」が裏目に出て、札差から借金出来なくなった結果である。

ところでこの時代、犯罪には厳罰で対処した。将軍吉宗が制定した「公事方御定書」を基準に行われた。かなり残虐である。十両以上の盗みで死罪（打ち首のあと試し切り）、追いはぎは獄門（馬に乗せ、市中引き回し、三日間晒し首）、放火は火焙りであった。

節倹を守り、身を慎み、風俗を乱れるなかれ。
家至を飾り衣類を美にし、人に誇るは君子の恥ずるところなり　（松平定信）

第三節　覇権

南北朝哀歌

君のため世のため何か惜しからむ
捨てて甲斐ある生命なりせば
（宗良親王『新葉和歌集1』）

「太平記」の舞台となる南北朝時代は、分かりにくく、不思議な時代といわれる。驚くことは、戦で明け暮れていても、歌心を忘れなかった人々が居た事である。ある秋靖国神社の遊就館で、幡に書かれた宗良親王の歌を見つけた。冒頭の歌がそれで戦前の国定教科書によると、小手指原の戦い（一三五二年）で、新田義興（新田義貞第二子）を励ました歌である。

宗良親王は後醍醐天皇の皇子で、村上天皇（義良親王）や護良親王と兄弟である。延暦寺に入り尊澄法親王と称し、天台座主になっているが、元弘の乱では捕らえられ讃岐に流されている。宗良親王は歌人でもあり、天授六年（一三八〇）南朝方の和歌千四百余首を集めた『新葉和歌集』を撰し、翌弘和元年に長慶天皇より准勅撰の綸旨を賜っている。

親王の生きた時代は、鎌倉幕府―建武新政府―室町幕府とめまぐるしく政権が変わった、治乱興亡の時代であった。

逆境にあっても親王は志を曲げず、人を嫉まず、恨みとしなかったと言われている。

一三三八年（建武五）、北朝方の足利尊氏が征夷大将軍に任じられ京都に室町幕府を開設した。後醍醐天皇は吉野に追われ、宗良親王は尊氏を討つ為に日本各地を転戦した。そして遠江国井伊城で、父の崩御［一三三九年（延元四・歴応二）］を聞いた。後醍醐天皇五十二歳であった。

おくれじと思ひし道もかひなきは
　この世の外のみよしのの山

（『新葉和歌集』宗良親王）

一三四七年（正平二・貞和三）楠木正成の嫡男・正行が、四条畷の決戦を前にして、一族郎党百四十三人と吉野行在所の後村上天皇に別れを告げに伺候した。如意輪堂の壁板に各自の名前を書き、過去帳がわりにしたという。

かへらじとかねて思へば梓弓
　なき数に入る名をぞとどむる

（辞世の歌　楠木正行）

一三五二（正平七・文和元）南朝の征夷大将軍・宗良親王、新田義興・新田義宗兄弟らは武蔵小手

指原を通って鎌倉に攻め込んだが足利尊氏軍の反撃に合い越後に逃れた。のち義興は多摩川の「矢口の渡し」で討ち死にしている（一三五八年）。同じ年に五十四歳の足利尊氏も病死している。戦前には足利尊氏は逆臣とされたが、戦後は一転して英雄と評価された。

一三三九年（暦応二）、後醍醐天皇が崩御すると尊氏は喪に服し、光厳院の命により天皇を弔う為、天龍寺（京都五山の筆頭）の造営を計画し一三四五（康永四）に完成させたのである。尊氏は和歌や連歌を好み、二条為定に師事している。尊氏は一三五六年（延文元）に、『新千載和歌集』の撰進を執奏し、後光厳天皇が下命、一三五九年に約二千三百六十首の和歌集が成立した。

なぜ南北朝の対立が起こったのであろうか。後醍醐天皇の吉野遷幸が発端であるが、後嵯峨法皇が後継者の「治天の君」を定めなかったことに遠因があると言う。のちに大覚寺統（亀山系）と持明院統（後深草系）が交互に皇位につく「両統迭立」慣習が採られたが、円滑に機能しなかった。後醍醐天皇は、院政下の天皇に実権が無いことを嫌い、「天皇親政」を望んでいた。一三三一年（元弘元・元徳三）鎌倉幕府倒幕の挙兵をしたが敢え無く失敗し、一三三二年（元弘二・正慶一）隠岐島へ配流された。

幕府は光厳天皇（量仁親王）を擁立し、両統の対立は激しくなっていったのである。この年に護良親王が吉野で挙兵している。尊氏が北畠顕家らの軍勢に敗れ、九州へ落ち延びる時の歌は、

今むかふ方は明石の浦ながら
まだ晴れやらぬ我が思ひかな
（『風雅集』足利尊氏）

である。京都・清水寺に納めた願文に「この世は夢のごとくに候」とある。尊氏の求めたものそれは、菩提心であった。

富と権力

身理（おさ）まりて国乱るる者を聞かず　（太宗）

イラクのフセイン独裁政権は、米英の軍門に下り、遂に崩壊した。我々はその一部始終を、家のテレビの画像を通じて、リアルタイムで見ることになった。

冒頭の言葉は、古代中国・唐の太宗と群臣との政治についての議論を書いた『貞観政要』に出てくる話である。太宗が唐を治めていた貞観年間の頃、西暦六二七年〜六四九年には、賢臣がそろっていて天下泰平の世の中であった。

名君で知られる太宗は、上に立つ者、自身の欲望を抑えて、贅沢な生活をしないで、臣下の諫言を良く聞き、人材登用を図り、適材適所の人事配置を行っていれば、国が乱れることはないと言っている。しかし彼には、唐王朝を巡る権力闘争で、兄弟殺しと言う暗い過去があった。

第三十一代内閣総理大臣・岡田啓介は、総理になると人・金・民が見えなくなると言っている。因みに二・二六事件は岡田総理の在任中に起こっている。取巻きが出来、正確な情報が伝えられないと嘆いていたと言われている。

リーダたる者、どう処していたら身の破滅を防げるのであろうか。多くの賢者は次ぎの三つを挙げている。まず原理原則を教えてくれる先生を探す事。第二に直言してくれる部下を持つこと。三番目に個人的な助言者を得ることである。

老子は孔子に「権に親しむ者は、人に柄（権力）を与うること能（あた）わず。これを操（と）れば則（すなわ）ち慄（ふる）え、これを舎（す）つれば則ち悲しむ」と教えている。

「富」については、「荘子」に「富を以って是と為す者は、禄を譲ること能わず。……」とあり、富に執着する人間の性を戒めている。

中国・明時代の典籍『呻吟語／治道』に、「権之所在、利之所帰也……」とある。即ち権力のある所は利益の集まる所である。聖人は権力を握って正道を行くが、小人は権力を笠に着て私欲を求めるとある。

昨今の政治家と賄賂の構造は、古代から少しも変わっていない。

江戸時代後期の儒者・佐藤一斉も『言志四録』で、「権は徳にありて力に在らず」と述べている。ところで、「士農工商」という言葉はいつ頃日本に入って来たのであろうか。調べて見ると不明であると言う。

しかしこれを身分と捉え、序列として重視するきっかけを作った一人が、儒学者・藤原惺窩（一五六一～一六一九年）であろうと言われている。その門下から林羅山が出ている。彼は、家康・秀忠・

家光・家綱に仕えて、朱子学を幕府の官学としている。歴史的には、古代中国で、漢の時代以降に皇帝が、重農抑商政策を採ったことと、無関係ではないらしい。『武士道』で新渡戸稲造は「士農工商」について、「職業の中で武士と商人ほど遠く隔たったものはなかった。これは社会階級の中にある、取り決めの智恵である」と言っている。更にフランスの思想家・モンテスキューの意見を引用して、「貴族に商業を禁じたのは、権力に富を集中させることを防止した、優れた社会政策である」と述べ、「ローマ帝国衰亡の原因の一つに、貴族が商業に従事することを許可し、少数の元老と家族が富と権力を独占したことにある」と英国の学者・ディルの説を披露している。

富人をうらやむことなかれ。貧人を侮ることなかれ　（佐藤一斉）

逐鹿《ちくろく》

治を為すは、多言に在らず、力行如何を顧みるのみ　（申公）

漢の第七代帝王・武帝が、魯の儒者・申公に「国家の治乱興亡」について訊ねた。申公は答えた。「国を治めるには、多くを語る事ではなく、政策を実行することである」と。武帝は紀元前一四一年から同八七年に在位し、中央集権の確立、専売制度による国家財政の健全化、漢帝国の拡大を図るなど実行力のある人物であった。

日本歴史年表を紐解くと、実に多くの「乱」・「変」・「役」そして「合戦」の文字を目にする。人間の歴史は「覇権争い」の歴史と言い換えることも出来る。「乱」の大半は時の為政者の「我執」から生じている。

室町幕府八代将軍足利義政施政の時、東軍十六万、西軍十一万の軍勢が京都で激突し、応仁の乱（一四六七年）が勃発した。この頃、異常気象による旱魃と洪水による大飢饉が全国各地を襲い、土一揆が頻発した。民衆の困窮は極度に達していた。こんな最中、管領斯波と畠山の守護大名家の家督争いが起こり、又義政の妻日野富子が将軍家の継嗣問題に介入してきた。富子の子義尚擁立派の山名宗全と義政の弟義視を推す管領・細川勝元が対立、戦乱は十一年もの長期にわたり、地方へも拡大した。この「乱」を切っ掛けに群雄割拠の時代となって行く。下克上が激しく、畿内周辺や関東地方では新しい戦国大名が台頭した。

乱世は織田信長や豊臣秀吉を輩出し、やがて天下分け目の関が原の戦い（一六〇〇年）となって行く。

その結果徳川家康が覇者となって、永かった戦国乱世に終止符を打ったのである。徳川政権下で、ようやく人々は戦乱の無い太平の世を満喫する事が出来たのである。

群雄が天下を争うことを「中原に鹿を逐（お）う」という。所謂「逐鹿（ちくろく）」である。覇権争いは何故起こるのであろうか。

Ａ・トインビーは著書『歴史の研究』の中で、「その社会で人が決定能力を喪失した時に、その人は帰属意識を失い内部不和が起こり、組織は分解しやがてその社会や文明は衰退に向かう」と言っている。

江戸時代の儒学者・海保青陵の考えは本質を突いている。彼は「武士道は市道」と言っている。武士と主人との関係はギブ・アンド・テークの関係であり、所領を安堵してくれるから忠誠を尽くすのであって、主人が安堵能力を喪失したら忠誠心はなくなると言う。「一所懸命」の思想である。「市道交」という言葉がある。この意味は「利益だけを目的とする交際で義理をわきまえない、軽薄な人間関係」とある。ここには忠誠心が欠けている。

分配する土地が欠如すると、豊臣秀吉は茶道具に高値を付け、功績のあった家臣に与えるようになった。戦いの大義名分に「天下国家の利益」が優先するとした家康。豊臣家の繁栄のみ考えた石田三成。具体的な恩賞を個々に示し、やる気を起こさせ、人情の機微に長けた家康。一方未熟な三成。勝負は時の運というが、東軍約七万五千、対する西軍約八万二千で諸将の布陣からは西軍有利と予想された。しかし結果は軍勢の多少ではなかった。「桃配山」に本陣を置いた、東軍の総大将家康の勝利であった。「気配り山」であったのかも知れない。小早川秀秋の寝返りによって、形勢が一挙に東軍優勢へと傾いたことは歴史の事実である。戦いの後、家康は諸大名には信賞必罰で臨んでいる。この後、大坂冬・夏の陣を経て完全に天下を掌握したのである。

君は舟なり、庶人は水なり、水はすなわち舟を載せ、水はすなわち舟を覆す

（『荀子』王制編）

あだ桜（天下取の夢）

四十九年一睡の夢、一期（いちご）の栄華
一杯の酒、ああ柳は緑に花は紅（くれない）なり
（上杉謙信）

筆者が、福井県の一乗谷朝倉遺跡を訪れたのは、一九九一年六月のことであった。まだ遺跡の発掘復元作業が行われていた。日本のバブル経済が崩壊し、細川・非自民連立政権が発足する二年前のことである。細川護煕氏が「花に十日の紅無し、権は十年久しからず」と口にされていた頃でもある。又、人々が空白の十年と呼ぶ時代の始まる時期でもあった。

無人駅・JR一乗谷駅に降り立つと、そこは三方を小高い山々で囲まれた、長さ五㎞余り、東西三百mの一乗谷の入り口であった。静寂の世界そのもので、人影もまばらで、喧騒の東京から来た私には、時が止まってしまった様に思えた。駅近くの西山光照寺跡の大形石仏群を見た時に、どこか懐かしさが込み上げて、不可思議な感情に襲われた。ここは戦国大名朝倉氏が、一四七一年（文明三年）から一五七三年（天正元年）までの五代約百年間に亘って栄華を極めた場所である。山城があり、朝倉氏の館をはじめ、武家屋敷が整然と並び、京都からは貴族や文人墨客、能楽者が集まり、多くの商人達で賑わった城下町で、小京都と呼ばれていた。朝倉文化の中心であったこの谷には、一五七三年（天正元年）織田信長に追放され滅亡した室町幕府・十五代将軍足利義昭（義秋）や、その信長を一

五八二（天正十年）・本能寺の変で自害させた明智光秀も、この一乗谷に屋敷をもらい滞在し、朝倉義景の歓待を受けている。しかし一五七三年八月、最後の当主朝倉義景は、一族朝倉景鏡の裏切りにより自害に追い込まれ、谷は織田信長軍の攻撃を受け、三日三晩炎上し終焉を迎えた。その後草木で覆われ、水田となり約四百年が経過した。そしていつしか人々の脳裏からこの谷の存在も消え去っていた。一九六七年（昭和四十二年）に発掘が始まり、調査の結果、昭和四十六年七月に国の特別史跡に指定された、戦国城下町遺跡である。

朝倉家に伝わる家訓に、初代当主が残したと伝えられる「朝倉敏景（孝景）十七箇条」やその孫の宗滴（教景）の『朝倉宗滴話記』がある。敏景は、合理的精神の持ち主であるが、一方で弱者への配慮も忘れていない。その一例を挙げると、（一）宿老（世襲の家老）の職を定めぬこと。家臣の力量・手腕・能力や忠誠心によって役目を申しつけるがよい。（二）無能力の者に奉行職をあずけぬこと。（三）平穏な時でも、諸国に間者をだして、天下の情勢を探ること。（四）高価な太刀よりも、安価な鑓を多く揃え兵に持たせるほうが良い。（五）京都から四座（観世・金春・宝生・金剛）の猿楽を呼ぶより、自国の能力ある者を都に送り、習わせるほうが良い。（六）才能の乏しい者や、下手な者がいても、真心をもって仕える者には、愛隣の気持ちで接する事。（七）私欲を貪る役人には断固とした処置をとること。などがある。『朝倉宗滴話記』には、武者は、第一に嘘をつかぬこと。武者は勝つ事が本である、必勝の前に不可能は無い、と言い切っている。下克上の世の中とは言え、名門朝倉一族が滅亡したのは歴史の事実である。水上勉の小説『越前記』は、光秀に語らせている。「本心をいえば朝倉に上京してほしかった。天下をとってほしかった」しかし一向一揆の存在が朝倉の上洛を躊躇させた。

又義景の戦嫌いも敗因であるとしている。

太陽は、太陽の方へ進んで行く人の前に現れる

（ワナメーカー　アメリカの実業家）

内訌《ないこう》と悲劇

かきくらすあめりか人に天つ日の
かがやく邦のてぶり見せばや

（藤田東湖）

安政五年（一八五八）四月井伊直弼が大老に就任すると、その六月に幕府は、無勅許で日米通商条約に調印した。そして八月、孝明天皇はご不満で、第十代水戸藩主・徳川慶篤宛に「諸大名を集め、幕府の改革を図り、公武合体を進めるように」と勅諚が降下された。その勅書の正書は水戸藩主宛で、幕府宛は副書であった。この「戊午の密勅」を巡り、水戸藩は激派と鎮派に分かれ分裂した。又幕府からは、直に蜜勅を返納するようにとの命令が下された。激派には「天狗党」と呼ばれる一派があった。武田耕雲斉、田丸稲之衛門、藤田小四郎らを幹部とし、若者達を中心とする集団で改革を推進する急進派であった。

一方鎮派は、慎重に情勢を待って進めようとする一派で、「諸生党」と呼ばれていた。又保守派とか

門閥派とも呼ばれていた。この集団は、市川三左衛門、朝比奈弥太郎、佐藤図書らを中心とする佐幕派で、「敬神崇儒」を教育方針とする「弘道館」を中心とした人達であった。

しかしこの水戸藩の内訌は、悲劇的な結末を迎えるのである。今日でも未だに両者の遺恨は尾を引いているという。この悲劇は、激動の幕末期に強力な指導者を失ったことから始まる。その為、藩内の争いはエスカレートし、度重なる内戦により藩の荒廃は加速した。血で血を洗う抗争は人材の枯渇を招き、明治新政府に有能な人材を送り込む事が出来なかった。これほどまでに両派が怨念を募らせ、いがみ合ってしまった原因は何なのであろうか。

「尊王攘夷」、これは勤皇の志士達の合言葉であった。この志士達のバイブルとされたのが、藤田幽谷門下の逸材である水戸藩士・会沢正志斎の著書『新論』であった。第九代水戸藩主・徳川斉昭（烈公）は、英明果断の人とされ、その為幕府から睨まれていた。事実大老・井伊直弼は、斉昭に永蟄居を命じている。斉昭は、身分は低いが有能な藤田東湖や会沢正志斎らの人材を登用し、藩政改革を行い、尊王攘夷を説いた。吉田松陰も水戸に会沢正志斎を訪ねている。又西郷隆盛は、藤田東湖を師と仰いでいた。

安政二年（一八五五）十月、江戸の水戸藩邸にいた藤田東湖は大地震に合い、老母を助けようとして圧死した（五十歳）。今東京後楽園遊園地そばに、「藤田東湖護母致命之処」の説明書きがある。万延元年（一八六〇）八月には徳川斉昭が急死した（六十一歳）。斉昭は、これからの日本は、開国により国力の充実を図り発展して行くしか道はないと考えていた。東湖も、日増しに圧力が増す西欧列強の危機を克服するには、国民の心を一つにして内政改革を断行し、国としての統一性を高めることが急務であると主張していた。皮肉にもそれを達成したのは、薩摩・長州・土佐・佐賀藩であった。

水戸藩は、明治維新の種蒔きをし、多くの犠牲者を出しながら、新政府から評価されることはなかった。維新後、「天狗党」の犠牲者は靖国神社に祀られたが、「諸生党」では、一人も入っていない。国を思う理念は同じでも、歩んだ道によって評価が分かれてしまったのである。世は、「尊王攘夷」から「尊王開国」に変節していたのである。因みに、「諸生党」関係の資料は現在殆ど残されていないという。

討つもはた討るるもはた哀れなり同じ日本のみたれと思へば　（武田耕雲斉）

讒訴《ざんそ》

天下の為に其の心をにごす　（老子）

「心をにごす」とは、物事をあまり明らかに、見たり聞いたりしないことであると老子は忠告している。

世の中には、直に組織の上司に在ること無い事を告げ口する御仁が居るものである。鎌倉幕府にもそんな役人がいた。北鎌倉駅に降り立つと、鎌倉五山第二位の八代執権北条時宗ゆかりの円覚寺がある。木漏れ日の中を歩くうちに、私は決まって唱歌『鎌倉』の一節「興亡すべてゆめに似て」や、「建長円覚古寺の、山門高き松風に、昔の音やこもるらん」のくだりを思い出す。円覚寺から鶴岡八幡宮に向かう、子袋坂（巨福呂坂）の途中に、鎌倉五山第一位の建長寺がある。北条時宗の父・五代執権・北条時頼ゆかりの寺で、開山に蘭渓道隆（大覚禅師）を迎え建長五年（一二五三）創建された、我が国で最初の「禅寺」である。この辺りは、その昔地獄谷と呼ばれる罪人の刑場であった。開山後のある年、大覚禅師が三門の下で施餓鬼会を執り行っていた。施餓鬼会というは、無縁亡者の霊に飲食物を供えて、経を読んで供養する法会である。その追善供養が終わった頃、一人の騎馬武者が現れ残念そうに去ろうとした。大覚禅師は直に彼を呼び戻させ、もう一度施餓鬼供養を行った。その武者は「梶原景時の亡霊である」と言って感謝して立ち去った。それ以来建長寺では七月十五日の施餓鬼会のあとに改めて梶原施餓鬼会を執り行っているという。不思議なことに、梶原景時の墓は、建長寺仏殿の真西三㎞の御霊神社である。この伝説話をどう解釈したらよいのであろうか。

治承四年（一一八〇）以仁王の令旨を受けて挙兵した源頼朝が、石橋山の合戦で大敗し安房に逃れた。この時梶原景時が、洞窟に隠れていた敵の大将頼朝を故意に見逃し救ったことから、後に頼朝は鎌倉幕府の侍所所司に景時を登用した。侍所は、御家人の統制や刑事訴訟を担当する役所である。しかし屋島・壇ノ浦の戦いでは、源義経と梶原景時とが戦術上のことで対立し、景時は「義経は大将の器ではない」と頼朝に讒訴した。これが頼朝と義経の兄弟対立の一因になったと言われている。景時は弁舌さわやかで、有能な武将であったが、官僚的で権勢欲が強く、他の御家人との協調性に欠けていた。正治元年（一一九九）、頼朝が死去すると長男源頼家が第二代将軍となった。頼朝供養の席で結城朝光が「忠君は二君に仕えず」と言った言葉尻をとらえ、「朝光謀反」と頼家に讒言したのが景時である。このことが、千葉・三浦・和田ら有力御家人六十六名の反発を招き、景時は鎌倉に居られず追放された。一旦彼の本拠地・相模一宮に帰り謹慎していたが、武田有義を将軍に擁して幕府に対抗しようと上洛を企てた。これを聞いた鎌倉御家人達の追討を受け、駿河清見で誅殺されたのである。正治二年のことである。この事件の仕掛け人は、北條政子の妹（阿波局）であると言われている。因みに彼女は実朝の乳母である。景時は頼家の乳母夫であった。

魚を射んとして天を指さす　　（説苑）

第四節　治世

治世術

怒りは敵と思え　（徳川家康）

北朝鮮の拉致問題がクローズアップされた頃、連日テレビのワイドショー番組でかまびすしく取り上げられ、そのなかで北朝鮮のテレビニュースも流されていた。そこに登場する彼の国の人々は何かにつけて「将軍様のお陰である」と言っていた。もっとも鬼畜米英教育がなされた戦前の日本でも、当時幼稚園児であった筆者も、お弁当の時間には「兵隊さんのお陰です」と言ってから食べていた。戦後横浜に進駐して来た鬼である筈の米兵の紳士的態度に驚く一方で、彼等からチューインガムやチョコレートを手渡しで貰った、数ヶ月前なら非国民となる不思議な経験をした世代でもある。最初に憶えた英語は「ギブ　ミー　チョコレート」であった。

戦火を避けて横浜郊外の母の実家に疎開していた時のことである。終戦直後の昭和二十一年春、道に迷った二人の米兵が、ジープで家の庭に乗りつけて来た。家には明治十三年生まれ、当時六十五歳の祖母と七歳の筆者が留守番をしていた。米兵を見ると私は裏山に逃げ込み、木陰から事の成り行きを見ていた。とても恐ろしかった。祖母は彼等に日本語で挨拶し、「何もありませんが」と、お茶と蒸かしたサツマイモ、それにジャガイモを振舞っていた。すると米兵は、ＧＩ帽を脱ぎ祖母と言葉を交わしてから、おもむろにジャガイモを食べたのである。連合国軍総司令官・マッカーサー元帥が権力者として、神奈川県厚木飛行場に飛来し、日本統治を始めた時のことである。米国の日本占領政策の成功は、送り込んだ人間の質にあったのである。明らかに米国の戦略勝ちである。イラク戦争で起こった捕虜虐待事件や、占領後に誤って国民を無差別に銃殺した事件がもし日本で頻繁に起こっていたら、事態はちがった形になっていたであろう。

真らしき嘘はつくとも　嘘らしき真を語るべからず　（徳川家康）

家康が浜松城主の頃の言葉である。その意味は、本当らしい嘘はついても、真実を偽りのように語ってはならないということである。

家康と彼の謀臣本多正信が話して居る所へ、一人の家臣が進言に来た。諫者の言い分は事実と違うと正信は怒ったが、家康は「人の君たるものは、諫臣を大切にしなければならぬ。正しいか正しくないかは問題ではない。主君を諫める者の志は、戦場での一番槍に優る」と家臣を褒めたと伝えている。

家康の孫で天下の副将軍・水戸黄門も次ぎの言葉を言い残している。

人は咎（とが）むるとも咎めまじ、人は怒るとも怒るまじ、
怒りと欲を捨ててこそ、常に心は楽しからめ。
（徳川光圀）

明君で知られる八代将軍徳川吉宗は、「徳川の天下、末代までと心得ては大いに間違いなり」と「一心の慎み第一なり」と彼の著書『紀州政事草』に書き残している。

ところで、家康が征夷大将軍になり、江戸に幕府を開いたのは慶長八年（一六〇三）年二月十二日である。幕府開府は、今から四百年目も昔のことである。第十五代将軍・徳川慶喜が慶応三年（一八六七）十月十四日大政奉還し、新政府軍が江戸城を開城したのは慶応四年（一八六八）四月十一日のことである。二百六十四年間に亘って、徳川幕府は政権を維持出来たのである。

そして慶喜は朝敵となり、明治元年（一八六八）彼は江戸を離れ、水戸へ向かうことになった。その時に次ぎの歌を詠んでいる。

とにかくに国の為とてしのぶ身は
ゆくもかへるも時をこそまて
（徳川慶喜）

その後謹慎も解かれ静岡に移ることになる。その時慶喜は、三十三歳の若さであった。明治天皇が慶喜を二条城に呼び、皇后のお酌で酒盛りをしたのは、明治四十二年（一九〇九）のことであった。

盛者必衰

おごる平家は久しからず　　（『平家物語』）

神社でおみくじを引くと、時々「大吉」を引き当てることがある。しかしそのおみくじには、必ずその喜びを諌める言葉が書き添えられていて、「奢に注意せよ・心に油断があってはいけない」と書かれている。

『平家物語』の作者には諸説があるが、『徒然草』の第二百二十六段に「後鳥羽院の御時、信濃前司行長、稽古の誉れありけるが、……この行長入道、平家物語を作りて生仏といひける盲目に教へ語らせけり」とある。作者「行長」は信濃の国の国司である。『平家物語』は、平家一門の栄枯盛衰を描いた軍記物語である。その冒頭に書かれた「驕れる人も久しからず」から取った言葉である。伊勢平氏は、正盛・忠盛・清盛と三代に亘って西国の受領を歴任し、武士団を組織化して日宋貿易によって富を蓄えていた。白河上皇の寵を受け、伊勢平氏繁栄の基礎をつくったのである。

「後鳥羽院の御時」とは、後鳥羽天皇としてのご治世は一一八三年から一一九八年までであるが、院政を執られたので一二二一年（承久三）の「承久の乱」までを含めている。保元・平治の乱では平家が源氏勢力をしのぎ、一一六七年（仁安二）に清盛が武士階級として初めて太政大臣となり、長男・重盛は権大納言に、次男宗盛は参議に昇り、一族十六人が公卿に、三十余人が殿上人となった。清盛の娘徳子（建礼門院）は高倉天皇の中宮になり、安徳天皇を生んだ。重盛と宗盛は後に、内大臣にまで出世している。

『平家物語・吾が身の栄花』では、「諸国の受領、衛府、諸司都合六十余人なり。日本秋津島は、わづか六十箇国、平家知行の国三十余国、既に半国にこえたり」と書いている。その為平家の急速な貴族化は、地方武士の反発を招いた。一一八〇年（治承四）、後白河法皇の皇子・以仁王の平氏討伐の令旨は、東国武士の蜂起を促すこととなった。そしてこの年に源氏の棟梁・源頼朝や源義仲が挙兵した。

一一八一年（養和一）に清盛が亡くなり、平氏棟梁・平宗盛は、一一八三年（後鳥羽二）、源（木曾）義仲の入京によって平家一門は都を追われ、安徳天皇を奉じ神器を携え西国へ下った。一一八四年（寿永三）の「一の谷の戦」、そして一一八五年（文治元年）の「壇ノ浦の合戦」で源義経軍らによって追われ敗退し、まだ幼い安徳天皇と建礼門院は、平家一門と共に入水したが、建礼門院は助けられ、後に出家し京都大原・寂光院で余生を終えている。大将平宗盛は生け捕りとなり、平氏一門はここに滅亡することになる。

ところが清盛の異母弟・平頼盛は生き延びていたのである。彼は兄の行動に批判的で、平氏一門と行動を共にしなかったのである。平治の乱でまだ幼い源頼朝の助命を清盛に願った池禅尼は彼の母である。池禅尼は清盛の父・平忠盛の正室である。頼盛は頼朝から所領を安堵されている。「子の父に対する如く」であったという。

その後源義経が兄頼朝に討たれ（一一八九年）、鎌倉幕府を開いた頼朝が征夷大将軍に任じられたのは一一九二年（建久三）のことである。やがて権力は北条氏に移り、北条氏も源氏の名門新田義貞に討たれ、そして源氏一門・足利氏の天下となる。将軍足利義政の時代、家督相続問題に端を発し、応仁の乱が勃発した（一四六七年）。群雄割拠の戦国時代に突入し、下克上の世の中となって行くのである。多くの戦国大名が誕生し、その中で信長、秀吉が権勢を振るい、そして徳川家康が慶長八年（一六〇三）、征夷大将軍になるまで覇権争いが続くことになる。

徳をもって人に勝つ者は栄え、力をもって人に勝つものは亡ぶ　（『源平盛衰記』作者未詳）

修羅の道

四時の序、功を成す者は去る　（『十八史略』春秋戦国・秦）

起死回生を願う昨今の日本経済界では、四十歳代の若手社長の登場が世間の話題となっている。リーダの資質が一族郎党の生死に直結した戦国時代には、後継者問題は更に深刻であった。将としての資質は、智謀・信頼・仁・決断力・統率力にあると言われている。後継者の育成と選択に成功した徳川家康、後継者教育に失敗した織田信長、己を過信して後継者を選ばなかった上杉謙信、彼等一族にスポットをあて、戦国大名家の栄枯盛衰の歴史を見てみよう。

徳川家康の子女は十一男五女が知られている（諸説がある）。結果的には、三男秀忠が将軍家を継いだ。十五代将軍慶喜が大政奉還するまでの二百六十四年間、徳川家は幕府政権を維持することが出来たのである。家康の長男松平信康は織田信長の息女徳姫を娶ったが、甲斐武田と内通したかどで自害している。家康は後継者を決めるにあたり、重臣達に議論させている。その内容は、本多正信が家康の次男秀康を推し、大久保忠隣は三男秀忠を、そして井伊直政は四男忠吉を後継者に推薦している。秀忠以外の二人は養子に出されていた。大久保忠隣は「文武兼備わり徳量も人並み以上で、仁孝恭謙の人物である。これからの治世には相応しい人」と徳川秀忠を推挙した。慶長十年（一六〇五）、家康は秀忠の征夷大将軍就任を朝廷に奉請した。その後皮肉にも江戸城で秀忠の補佐役を勤めた大久保忠隣は、駿府の大御所・家康によって改易処分されている。その理由は、将軍秀忠への影響力を強める武功派・忠隣を恐れたからである。

織田信長の子女は十一男十一女（諸説がある）であったが、後継者に恵まれなかった。「本能寺の変」を境にして織田一族の運命は激変している。しかも嫡男信忠を「本能寺の変」で喪っている。武将として活躍したのは次男の信雄（のぶかつ）と三男信孝（のぶたか）である。二人は異母兄弟で、実際には信孝が先に生まれている。信雄は一度「節義の名門」・北畠氏に婿養子に入り、北畠一族を滅ぼしている。天正七年（一五七九）には信長に無断で伊賀に出兵し破れ、重臣を討ち死にさせている。その為信長から叱責され、「親子の縁を切る」とまでいわれている。信孝は十一歳の時神戸具盛の養嗣子となっている。

「本能寺の変」のあと、清洲会議で織田家の家督相続が論議され、柴田勝家が推した信孝がその候補とされていた。しかし最終的には、豊臣秀吉の推す信忠の幼子・三法師と決定している。その為織田家は分裂し争いとなり、兄信雄の命により二十六歳の信孝は切腹させられている。結局は秀吉が天下人となり、信雄は秀吉側についたり、家康を頼ったりしながら生き延び、「関が原」後の元和元年（一六一五）家康から大和、上野国に五万石を与えられている。信雄の性格を宣教師フロイスは「愚鈍な人物」としている。一方フランシスコ書簡には「意志甚だ強く、他の子息などよりも其の父（信長）に似ている」としている。

関東管領・上杉謙信は妻帯しなかったとされている。その為子供がいなかった。姉の子で長尾政景の次男景勝を養子とし、更に北条氏康の七男景虎をも養子としている。

天正六年（一五七八）上杉謙信が死去すると、景勝と景虎が家督相続を巡って争った。「御館の乱」である。景勝は謙信の遺言と称して本丸を占拠して、自分が後継者であると宣言した。景虎はこの争いで破れ二十八歳で自害した。因みに彼の妻は景勝の妹（姉？）であった。戦国の世とは実に酷いものである。その後秀吉に臣従の礼をとり、会津百二十万石となり、五大老の一人となっている。「関が原」では家康に敗北し出羽米沢三十万石に減封され、景勝の三代のちに吉良上野介義央と彼の正室（景勝の孫娘）の子・綱憲が養子となり、十五万石・米沢上杉家を継いでいる。この綱憲の正室は、紀州徳川家第二代藩主光貞の娘である。彼の五代後には、江戸時代の名君である婿養子で綱憲のひ孫・上杉治憲（鷹山）が出ている。

我にかち味方に勝ちて敵にかつ　　（楠木正成　伝）

第五節　郷に入っては郷に従う

宥和《ゆうわ》

神は全人類のあまねき父であり、全人類は同胞である　　（獅子王　アレクサンドロス《三世》）

人類の歴史、それは闘争と和合の繰り返しと言い表しても過言ではない。アレクサンドロス（三世）とは、紀元前三三〇年代にペルシャ帝国を滅亡させ、エジプト・中央アジア・インダス河流域にまたがる大帝国を造り上げた、マケドニアの王・アレキサンダー大王（B.C.三五六〜三二三）その人である。彼の採った統治手法は、諸民族の和合をはかる「宥和（ゆうわ）政策」であった。例えば、ペルシャの政治支配機構はそのままにして、ペルシャ人を役人に登用したり、ペルシャの王女を妃に迎えたり、マケドニアの武将とペルシャ人と結婚させている。今、世界が注目しているアフガニスタン地域の歴史を紐解いてみると、この地はアレキサンダー大王によって征服されている。当然のことながら、ギリシャ系文化がアフガン地方に流入してきた。大王の死後、アフガンにはセレコス朝が起こるが、やがてインドのマウリヤ王朝に滅ぼされると、今度は仏教文化が現カブール、ヘラート、カンダハルに入り込んでくることになる。ここにギリシャ系文化と仏教文化の融合が起こり、ガンダーラ美術が発達する事になる。それらの文化がシルクロードを通じて、中国や朝鮮半島に入り、融合しながら日本に伝えられ、我が国の精神文化に多大な影響を与えているのである。

二〇〇二年二月九日、テロ攻撃に備えて、軍隊による厳戒体制下の米国・ソルトレークシティーで、二十一世紀最初の冬季オリンピックが開催された。史上最多の七十七カ国と地域から二千五百人の選手が参加した。テレビで開会式の中継を見ていて、思い出した言葉は初代国際オリンピック委員長・クーベルタン男爵の名言である。

「It is significant for a country simply to participate in the Olympics」

男爵の思想は、国の異なる人々が、お互いに同じ場所に集い、顔を合わせることにこそ意義があるということである。式典のアトラクションでは、米国先住民族と西部開拓の為東部から移住してきた西洋人との融合の歴史ドラマが、演じられていた。しかし一方で同時に、世界のあちこちでテロ行為や、土地や富を巡る紛争が続いているのである。

テレビでお馴染みの「水戸黄門」こと徳川光圀は、徳川御三家・水戸藩二代目藩主である。そして仁政をしいた明君で知られている。例えば、年貢高を農民に自己申告で決めさせている。封建制度の厳しい江戸時代には考えられないことである。慶長十四年（一六〇九）十二月水戸藩は光圀の父で、家康の第十一子・頼房（七歳の鶴千代）が二十五万石の水戸城主になったことに始まる。しかし家臣団は多様で、武田氏の旧家臣、元北条氏の遺臣、宇都宮、小山などの戦国大名の家臣、それに領民に人望があったが秋田に移封させられた、徳川の抵抗勢力・清和源氏佐竹氏の遺臣までも含まれていた。

その出自は、まさに寄せ集めの家臣団であった。その為藩は、統制力の強化によって対処した。元禄期には、家臣数五千人に上ると推定されている。王道政治の基本、それはまず人々の生活の安定確保にあったのである。その為初期水戸藩は、宥和政策を採ったのである。

恒産有る者は恒心有り　（『孟子』勝文公上）

横浜の御家人

戦いは必勝にあらざれば　以って戦いを言うべからず　（尉繚子《うつりょうし》）
死ぬな　何も犬死を急ぐことはないぞ　（三浦大介義明）

鎌倉時代の御家人は、父祖以来の本領を持っていて、将軍から認められた下文を受けていた。御家人には御家人役が課せられた。それは戦時には出陣し、平時には京都・鎌倉の大番役や異国警固役を行った。最近筆者は故里横浜の御家人平子氏一族の存在を知り、その生き方を学んだのである。

筆者の古里磯子は、高度経済成長前には横浜南部の海に面した風光明媚な地域で、殆どが丘であった。その丘上には、国指定史跡の縄文・弥生遺跡・三殿台（さんとのだい）遺跡もある古い土地である。鎌倉時代には、この辺りを久良岐（くらき）郡平子（たいらこ）郷（荘）と呼んでいた。ここを約三百年間治めていたのが、鎌倉御家人で三浦一族の平子氏（横山党の説もある）である。領主平子氏の館が磯子にあった。隣接して真照寺という真言宗の寺が平子氏の菩提寺であるという。子供時代の筆者は、ここら辺りを遊び場としていたのであるが、全く領主・平子氏の存在を知らなかった。しかも母校の磯子小学校の前身は、真照寺の寺子屋で、創立百三十年の歴史を持っている。何故横浜の歴史から平子氏の名前が消えてしまったのであろうか。二〇〇三年秋、横浜歴史博物館が鎌倉御家人「平子氏の西遷・北遷」を開催し、又磯子で「全国平子氏・サミット・シンポジウム」が開かれ、初めて平子氏の存在を知った。

建久八年（一一九七）平子重経は鎌倉幕府の地頭職として周防国（山口県）仁保庄・恒富保に赴任を命じられた。その後時代は群雄割拠、下克上の戦国の世を迎えた。北条早雲は本牧（横浜）に進出して平子房長を味方に引き入れた。やがて平子氏は後北条氏に懐柔されて、領土を移された。大永三年（一五二三）に越後国魚沼の城主になった大楽平今馬尉や越後山田郷を領した石川経季がいる。いずれも平子一族である。今横浜中華街・元町近くに石川町がある。平子氏の領土の名残である。越後に去った段階で、平子氏の歴史は平子郷から消えてしまったのである。

天正六年（一五七八）に上杉謙信が死去すると、景勝と景虎（養子・北条氏康の七男）の家督相続争い「御館の乱」が起こり、越後平子氏は景虎側につき敗れている。因みに上杉景勝の孫娘は吉良上野介義央の正室になっている。

その後、小田原北条氏は吉良氏を領主として登用したのである。この政権交代は大した混乱もなく行われたという。吉良氏はあの赤穂事件の吉良氏と同族の、足利一族である。吉良氏は約八十年間久良岐郡を治めた。吉良氏の城が蒔田（横浜南区）にあって、曹洞宗の勝国寺が菩提寺である。この寺の近くに、横浜の古刹で真言宗の「宝生寺」がある。この寺は平子氏の菩提寺である。寺には平子氏に関する古文書が残されている。室町時代の嘉吉二年（一四四二）に書かれた古文書のなかに、「真照寺」に寄進を伝えた文書「横浜村……」という記述がある。「横浜」が出てくる最古の文書である。因に、「宝生寺」の末寺の「無量寺」が我が家の菩提寺である。源頼朝の末子・貞暁法印の創建した寺で「武相不動尊二十八札所」の第十六番札所になっている。又鎌倉武士の落武者の一団に私の親戚一族が関係していて、平子氏の歴史にも関わりがあるという。

周防に行った平子氏はその後大内氏や毛利氏の家臣となり生き延び今日まで三十八代続いている。しかも毛利氏と縁戚関係にある。

周防平子氏の生き方それは、

「其の国に入る者は、其の俗に従う」（淮南子）であった。

神は時として粋な采配をする。平子重経が横浜を去って六百九十二年後の明治四年十一月、長州藩士の桂小五郎（木戸孝允）と、彼の手附であった周防国熊毛郡生まれの伊藤俊輔、のちの伊藤博文がこの横浜から「岩倉使節団」の副使として欧米に旅たっているのである。

明治五年九月（旧暦）に横浜—新橋間に陸蒸汽が開通したが、この開通に積極的であったのが伊藤博文と大隈重信であり、明治四年の八月には早くも木戸孝允が建設成功を喜んで試乗している。

誠に不思議なえにしである。

日本が外国に門戸を開いた明治の初め、横浜が日本の中心であった時代がある。関内に「富貴楼」

と言う料亭があり、明治の錚々たる政治家や財界人達で賑わっていた。伊藤博文・井上馨・大隈重信・山縣有朋・陸奥宗光・岩崎弥太郎そして九代目市川団十郎も通っていたという。

又明治二十年（一八八七）伊藤博文・井上毅・伊東巳代治・金子堅太郎らが横浜金沢八景の夏島で明治憲法の草案を完成させている。その昔ここは平子郷（荘）と同じ久良岐郡に属し、隣接した六浦郷（荘）と呼ばれた土地であった。現在の横浜市金沢区である。

遠く離れた横浜と山口が、意外な関係で結ばれていたのである。

第三章

日本人のこころ

第一節　ふるさと

まほろば

明日ありと思う心のあだ桜、夜半に嵐の吹かぬものかは　（親鸞）

恋に疲れた女性ではないが、ある年の夏、「まほろば」の幻想を求めて仕事ついでに、大手電機メーカの独身寮時代からの友人と、奈良・大和路と京都方面に旅した。「まほろば」とは優れた立派な場所であると辞書は言う。どんな処であろうか。古代人は、大和であるという。そこで三輪山周辺を歩いてみたのである。中世は京が都であり、大原や貴船の地にも足を運んだ。帰宅後、花のお江戸として賑わっていた浅草にも出掛けてみた。独立後は余り出掛けていないが、新宿・歌舞伎町にも足を運んでみた。四十四人の犠牲者を出す大惨事が起きた後であった。果たして現代人の、「まほろば」とはその様な場所なのであろうか。

古事記や日本書紀に登場する伝説の英雄に、日本武尊（ヤマトタケルノミコト）がいる。景行天皇（大王）の皇子である。東征の帰途、草薙剣（くさなぎのつるぎ）を持参せずに伊吹山に行き、山の神の威力で病となり、故郷を目前にして伊勢国で亡くなり、白鳥（しらどり）となった尊である。有名な歌を残している。

倭（やまと）は国のまほろば　たたなづく青垣山隠（やまごも）れる　倭しうるはし

一方万葉集に次ぎのような歌がある。額田王が奈良から近江に移る時に、三輪の地を惜しんで読まれた歌である。

味酒（うまさけ）三輪の山　あをによし　奈良の山の　山の際に……

古語で酒を「ミワ」と言ったらしい。神に捧げる、お神酒であったのであろう。しかし美味いのであれば、酔いつぶれる者もいたことであろう。三輪の酒が、古代の銘酒とは知らなかった。「まほろば」とは美しい自然、美味い酒がある処と想像出来る。それに妙齢の女性が居たかも知れない。現代の大和路は、青垣に代わって電柱がいたる処乱立していて、美しいとは言えない。麓の大神（おおみわ）神社の境内で、やっと心安らぐ空間を見つけることが出来た。因みに三輪山は大神神社のご神体で、日本で最も古い神社である。

和銅三年（七一〇）、藤原京から平城京に都が移された。平城京は、三笠山を中心に、東大寺、興福寺が建立され、奈良仏教が隆盛を極めた時代でもある。

青丹（あをに）よし　寧楽（なら）の京師（みやこ）は　咲く花の　薫ふがごとく　今盛りなり

小野老（おののおゆ）が大宰府で詠んだ望郷の歌である。まほろばであったのであろう。延暦十三年（七九四）、都は平安京に移された。藤原一門が栄え、藤原道長・頼道の時代は摂関政治の全盛期でもある。若い女性の間でブームを起こした、陰陽師（おんみょうじ）・安倍晴明の活躍した時代でもある。

此の世をば　我が世とぞ思ふ　望月の　欠けたる事も　無しと思へば

摂政道長が詠んだ歌である。京の都もまほろばであったのであろうか。作家・夢枕獏氏は、「平安時代とは、雅と闇の時代」と表現している。戦国の世も終わり、江戸時代になると、町人の娯楽・文化が活発となり、浅草や道頓堀が賑わった。明治には浅草仲見世が、そして昭和の映画全盛期の浅草六区は人で溢れ返った。しかし今浅草には、往時の賑わいはなかった。浅草寺でオミクジを引いたが、「凶」であった。お寺の人が言った。「拝んでおきますからご心配いりません」。現代人の求める本当の「まほろば」は、何処にあるのであろうか。

ふるさと

一年の計は元旦にあり。

毎年正月を故郷で過ごす為に、年末の高速道路は大渋滞となり、又新幹線も乗車率一〇〇％を越えてしまう。除夜の鐘と共に、人々は初詣に出掛ける。国の安寧、無病息災、息災延命、家内安全、合格祈願、と祈る目的は様々である。祈りの場所も、氏神さま（鎮守さま）、菩提寺、著名な寺社、又信仰する宗教の教会と様々である。昔初詣は、新年の恵方にあたる寺や神社に参詣してから日の出を拝んでいたのである。元朝参りとも呼んでいた。恵方はその年の吉なる方角で、そこを司る歳徳神（としとくじん）は女神である。『古事記』にその根の伝承があるという。新年には、五穀豊穣をもたらす神が人間界に来臨するとする古い民族信仰に、陰陽説が結びついて歳徳神は生まれてきたとされる。宮中では、元旦の早朝に四方拝の儀式を行っていた。天皇が清涼殿の東庭に出て、天地四方の神、山、星を親拝し五穀豊穣を祈る儀式であった。戦前は、元旦に学校に登校して、一月一日の歌、「年の始めのためしとて……」を斉唱していた。その二番の歌詞に「初日にひかりさしいでて、四方（よも）に輝く今朝の空……」とある。

ところで北朝鮮拉致被害者の故国への帰国は、私達に多くの課題を投げかけた。愛国心・政治家とは何か・肉親の愛・郷土の人情・そして友情。私達は故郷の持つ癒の力の大きさを再認識したのである。彼らは帰国後直に先祖の墓参りに行き、地元の神社に詣でているのである。異国で歌った歌は、文部省唱歌『故郷』であり、『紅葉』であった。

最近の新聞報道によると、半世紀ぶりで、日本の教育基本法が見直されるという。「国や郷土を愛する心」、「公共に参画する意識」、「家庭の役割」どれも当たり前のことばかりである。グローバル化を目指すのであれば、一層自国や郷土の伝統文化を尊重するのは、極自然のことである。

望郷の歌に、神話の英雄・日本武尊（ヤマトタケルノミコト）の歌がある。

倭（やまと）は国の真秀（まほ）ろば　たたなづく　青垣　山籠（やまごも）れる　倭し麗し

その意味は、「倭は山が重なり合って、とても素晴らしい土地である」。

『万葉集』にも故郷を詠った歌が多く採録されている。又鎌倉時代の『西行物語』に、

「数ならぬ身をも心の持ち顔に浮かれてはまた帰り来にけり」とある。

故郷を慕う自分が情けないと、嘆いているのである。出家した西行にして然りである。

石川啄木の『一握の砂』にも望郷の詩がある。

かにかくに　渋民村は恋しかり　おもいでの山　おもいでの川

又室生犀星の『抒情小曲集』の望郷の歌も知られている。

ふるさとは遠きにありて思ふもの　そして悲しくうたふもの……

故郷には多くの竹馬の友がいる。明治三十五年の唱歌に『朋友』というのがある。「まことの友こそわが身の益よ　骨肉（みうち）にまされる　たすけとならん……」。ボッカチオの『デカメロン』にも「友情のきづなは血や姻戚のそれよりも堅い結びつきをつくる」とある。ローマの哲学者キケロは「朋友はわが喜びを倍にし、悲しみをなかばにする」と言っている。

拉致の被害者と、故郷の竹馬の友や学友達とのやり取りを見ていると、これらの言葉が真実であることを証明している。昨今の学校でのいじめ問題、不登校、学級崩壊を考えると、彼らに友情といった感情が萌芽しているのであろうか。取り越し苦労で終われば良いのであるが。

ギリシャの学者ブルタークは言う、「窮乏の友に友たるは、友の最も大なるものなり」と。

さくら狩

敷島の大和心を人間はば朝日に匂ふ山桜花　（本居宣長）

日本列島の春本番は、国花でもある桜の開花から始まるが、実に不思議な花である。戦前には国威発揚の象徴として、又日米友好の証にもなった。戦後の高度経済成長時代には、元禄花見酒に集う場所であり、又憂さ晴らしの場所にもなる。時には散り際の見事さから、人の潔さを表し、又種蒔きの時期や吉凶を占う木でもある。

二〇〇三年の春、甲斐駒ヶ岳山麓・武川村実相寺の樹齢千年の「山高神代さくら」の桜狩をした。国の天然記念物に指定され、エドヒガンとしては日本一の巨木であるという。この日、横浜からバスに乗って老木の下で顔を合わせた仲間は、小学校時代の同窓生で、五十二年振りの再会の懐かしい顔もあった。ままごとで遊んだ幼友達もいた。まさに同期の桜見物である。本来なら五十八年前に、桜の木の下で、小学校の入学式をやっていた筈であるが、私にはその記憶がない。横浜地区では空襲が激しく、防空壕生活の毎日であったからである。この日が私にとっての、入学式であったのかも知れない。

東京巣鴨の染井から明治初年に売り出され、全国的に有名になったソメイヨシノは、エドヒガンとオオシマザクラの雑種であるという。家の墓所が東京・染井にあり、そこの霊園には大きなソメイヨシノの木が林立している。なぜ墓に桜が多いのか日頃不思議に思っていた。本居宣長は、墓に桜の木を植えるよう遺言をしたという。三重県松阪市の妙楽寺に「本居宣長奥墓」がある。国の特別史跡となっているが、墓碑の背後には一本の山桜が植えられている。墓を、桜花のデザインを配した石の玉垣で取り囲んでいる。本居宣長の随筆集『玉勝間』に、「花はさくら、桜は、山桜の、葉あかくてりて、ほそきが、まばらにまじりて、花しげく咲きたるは、又たぐふべき物もなく、うき世のものとも思はれず」

と書いている。

桜好きの歌人西行は、『山家集』に次ぎの歌を詠っている。

願はくは花の下にて春死なむその如月の望月の頃

又『西行物語』には、花見の季節になると、出家した西行の草庵に友人がきて昔話が始まり、西行の心が乱れるので、来て欲しくないと詠った歌が載せられている。

花見にと群れつつ人の来るのみぞあたら桜の咎（とが）にはありける

ところで桜の木は昔から、富士山の神霊である木花開耶姫命（このはなさくやひめのみこと）の霊木とされている。日本神話に登場するこの神様は美人で、天孫ニニギ命と結婚して海幸彦・山幸彦を生んだが、身の潔白を死で示した神でもある。桜のように美とはかなさを象徴している神である。

伊勢神宮の桜宮は一本の桜木がご神体である。『西行物語』には、吉野の桜より優れていると、伊勢の桜宮を詠った歌がある。

神風に心安くぞまかせつる桜の宮の花の盛りを

桜の宮の花を散らすのも、神様のご意志と思って任せようという意味である。

十年ほど前、筆者は桜の名所・奈良県吉野山（国史跡）に旅したことがある。太閤秀吉も花見をした吉野山の桜は、下千本、中千本、上千本、奥千本と一ヶ月余り花が咲く。桜木の数は定かでないという。私が訪れた目的は歴史探訪なので、花見客の多い最盛期をはずしたが、静かな山道に咲く、清楚なシロヤマザクラがとても印象的であった。私の好きな花である。

『万葉集』には、桜を詠んだ歌が多くあるが、何故か吉野の桜は詠われていない。吉野山では山伏姿の修験者を多く見かけたが、この山は修験道の山なのである。修験者の本尊が蔵王権現で桜の木で彫られた為、聖木である桜が植えられるようになったという。

西行に憧れた松尾芭蕉は、一六八四年（貞享元）と貞享四年の二回、吉野の桜見物をした折に西行谷を訪れている。

桜狩り奇特や日々に五里六里　（芭蕉）

しかし俳聖・芭蕉にも、吉野の桜の句を正面からは詠めなかったという。

第二節　こころ

現実と非現実の間

「政治がもし論理のみで動くものとすれば、人類の歴史ははるかにかがやけるものであったと思われる。しかし政治においては論理という機械の作動する部分は不幸なことにわずかでしかない。……むしろ感情で動いた。感情が政治を動かす部分は、論理や利益よりもはるかに大きいといえるかもしれない」

（『翔ぶが如く』司馬遼太郎）

台風が去った二〇〇一年九月十一日の午後、私は高校の同級生とのゴルフプレイに備えて、湘南のあるホテルに宿泊した。部屋でビールを飲むうちに酔いが回り、うたた寝をして夜十時過ぎに目が覚めて、テレビのスイッチを入れた。ニューヨークの貿易センタービルの火災画面が映し出された。意識はまだぼんやりとしていて、アナウンサーが「何か飛んで来ましたね」と言ったように聞こえた。その直後二棟目のビルから火の手が上がった。テレビに電源を入れてからまだ十数秒後のことで、その時に起こっている情況が全く把握出来ず、新作のＳＦ映画の紹介番組と思ってチャンネルを替えようとした。その瞬間「大変なことが起きている」と気が付き、酔いが一遍に覚めたのである。

ほどなくして、ペンタゴンも襲撃されたという報道があった。現代アメリカを象徴する建物であり、滞米中に両方とも見ている。まして、国防総省が攻撃されると誰が想像するであろうか。「戦争」の二文字が私の脳裏をよぎった。

国民学校最後の入学である私は、昭和二十年に横浜大空襲でB―29による空爆と、艦載機の機銃掃射を受けている。第二次大戦をはっきりと目撃し記憶した最後の世代であろう。海の向こうの出来事とは言え、ゴルフどころではないと思った。事態の推移を確かめる為、朝三時近くまでテレビに釘付けであった。当然翌日のゴルフのスコアは、過去最悪であった。

その後ニューヨークの貿易センタービルに飛行機が突っ込み、崩壊する画面を幾度もテレビで見ることになる。

その結果、六十三歳にして悪夢を三晩続けて見てうなされた。ブレーキの利かない自動車を運転した夢で、汗で全身ビッショリとなり、グッタリしたのである。

この同時多発テロ事件は、テレビ番組を通してみているが、現実に起こったことである。

私の悪夢は非現実であるが疲労感を伴った。

最近多発した振り込め詐欺、偽札事件、幼児虐待事件、ストーカー行為、携帯電話による犯罪などの社会現象をみていると、現実と非現実の境目が不明確になっていないだろうか。

起きてはいけないことが、現実に起きている。遺跡捏造事件もあった。これなどは、越えてはいけない垣根を簡単に飛び越してしまった事件である。

哲学者梅原猛氏は、著書『森の思想が人類を救う』の中で、二十一世紀の三つの危機を挙げている。「核戦争の危機」・「環境破壊の危機」そして「精神崩壊の危機」である。

三番目の危機は、近代文明の根本に存在している問題で、特に若者に著しいと指摘している。その理由として、「近代国家は共通の前提として宗教から自由を持っている。しかしそれは無関心につながっている」と述べている。

三つとも起きて欲しくない危機である。仮想現実が現実とならない為の防護壁が必要と思われる。梅原氏は、次ぎのように説いている。「狭い地球のなかで諸民族が共存していくには、戦闘的な一神教より多神教のほうがよい。また自利と他利の調和を説く大乗仏教が現実的である」そこに日本の果たす役割があると強調されている。

一方、司馬遼太郎は言う。「政治的正義における正邪は人間の善悪とは別の場所あるいは、次元に属しているようである。私のような者にはどうも手に負えない」（『ある運命について』）。難しい問題である。

こころ（他山の石）

心こそ心惑わす心なれ心に心心許すな　（北条時頼）

新年を迎えると人々は、「今年こそ安寧な良い年であり、健康で過ごせますように」と神社・仏閣そして教会に行き祈願する。地球上で、平和を望まない民族は居ないであろう。しかし平和を望む故に戦争をするという、皮肉な結果が世界のあちこちで起きている。米国多発テロ事件後、分厚いサミュエル・ハンチントン著の『文明の衝突』を膝の上に広げて、電車の中でうたた寝している会社役員風の紳士を、幾人か見かけた。みな世界の動向が心配なのであるが、重いテーマである為、なるべく避けようとする意識が働く。その為読むと眠くなるのである。現実に衝突が起こらなければ良いのだがと念じていたが、事件は起きてしまった。テロリズムとは、歴史的にはフランス革命時代の恐怖政治や、ロシア革命直後の革命派と反革命派による暴力活動を指す言葉であった。最近は、一般市民も攻撃対象になっている。ところで「文明」とか、「文化」とは何であろうか。辞書によると、「技術や実用に重点をおいた物質的文化を文明といい、理想を実現していく高度の価値を有する精神の活動（宗教・芸術・科学）を文化という」となっている。これはドイツの歴史哲学者ディルタイによる分類で、英米の学者は文明と文化の明確な区別はないという。

福沢諭吉が明治八年に刊行した『文明論之概略』では、「文明論トハ人ノ精神発達ノ議論ナリ其ノ趣意ハ一人ノ精神発達ヲ論ズルニ非ズ天下衆人ノ精神発達ヲ一体ニ集メテ其ノ一体ノ発達ヲ論ズルモノナリ」と緒言で述べている。更に「文明ハ人ノ智徳ノ進歩ナリ」といっている。又「智徳ハ人ノ智徳ニ非ズシテ国ノ智徳」であるという。諭吉の言う「文明の発達」は「国の智徳の進歩」に重きを置いていることが分かる。従って、欧米の「近代文明」も「智徳」の優れた国であるから生まれた産物と考えたのであろう。国の智徳が進歩すれば、本来文明の衝突は起きない筈である。ところが期待に反して、冷戦構造崩壊後が危機であると、ハンチントンは言う。何故であろうか。それは、今まで差別され、抑圧され続けた人々が、自らの新しい文化的アイデンティティを振りかざして行動し、行進を始めたからである。そして不正義と思われる現状を、暴力で訴えようとすることに起因していると考える。大昔ならいざ知らず、今日のように、航空・通信技術が高度に発達した時代には、地球の片隅で起きた事件も、瞬時に情報が世界を駆け巡る。文明のグローバル化もテロリストには好都合となる。何故不平や不満が生じるのであろうか。国際テロ集団の痛みとは何であろうか。防止策はないのもであろうか。

人類六千年の文明史において、八世紀周期で代表文明は交代し、栄枯盛衰を繰り返しているという（『文明の研究』村山節）。「昔は良かったのに、今落ちぶれているのは誰々が悪いからである」との思いが生じてくる。何故文明の交代サイクルは、生じるのであろうか。人々は貧しさから抜け出そうと、一生懸命働き努力する。その結果国も国民も富を手に入れる。一度繁栄を謳歌すると、栄華は永遠に続くものと錯覚する。国民の心に奢りが生じ智徳を忘れ、周囲の国の状況が見えなくなってしまう。やがて滅亡の道を歩むことになる。中国の古典『呻吟語（しんぎんご）』によると、「智愚・禍福・貧富・毀誉の分かれ目」が重要であるという。唐の名君「太宗」は、「林深ければ鳥棲む」という。仁（愛）義（道理）をもった、心の通った政治が大切であるという。リーダは、常に心掛けたい言葉である。

家訓

浮世には　かかれとてこそむまれたれ　ことはりしらぬ我が心かな　（北条重時）

「人間は神仏の思し召しによってこの世に生を受けてきた。しかしこの世には、苦しいこと、辛いこと、悲しいこともあるが、反面で楽しいこともある。それが浮世である。その道理を知ればなにも自分だけが惨めだと悲嘆することはない」

北条重時は鎌倉幕府の執権・北条義時の三男で、泰時の弟にあたる武将である。六波羅探題として、京都に十八年間滞在した。宝治元年（一二四七年）鎌倉に戻り、執権・北条時頼の連署（補佐役）となり、康元元年（一二五六年）にはこの重時が出家して極楽寺と号し、『極楽寺殿御消息』と題する百箇条からなる「家訓」を残している。これが武将の「家訓」としては日本最古の部類に属すると言われている。「家訓」であるから、家の存続を願って親が子孫に残した訓戒である。従って重時の「家訓」は、子の長時・時茂・義政・業時に与えたものである。因みに我が国最古の「家訓」は、奈良時代に吉備真備が書いた『私教類聚』である。平安時代には、宇多天皇が幼少の醍醐天皇に、又公家では藤原師輔（もろすけ）が、父・忠平から教えられた宮廷作法・心得を子孫に書き残している。江戸時代の豪商では、享保七年に三井高平（三井総家第二代・剃髪して宗竺）が、三井家の家法を『宗竺遺書（そうちくいしょ）』として残している。三井家では、危機的状況に際して、基本に戻る為にこの遺書が活用されていたという。三井では毎年家憲朗読式が行われ、敗戦の年（一九四五年十一月）に財閥解体指令が出されるまで継承されていたという。戦後日本では、「家」というものが変質し、又核家族となり、いつのまにか「家訓」とか「教訓」といった先祖の教えがないがしろにされ、その意義が消滅してしまったように思える。その為、日本人が育んできた行動規範が失われ、安寧秩序が乱れ始めている。それゆえ人々の社会に対する不信感や不安感が増大し、自信を喪失しているようである。

戦火を逃れる為昭和二十年、国民学校一年生の筆者は、横浜近郊にある母の生家でもある伯父の家に疎開した。今では東京への通勤圏となり、周囲は住宅で埋め尽くされている。戦前には鎌倉郡と呼ばれていた土地である。屋敷は高台の森の中にあり、まだ兎や狸が棲んでいて、鎌倉時代の道幅の狭い旧鎌倉街道がすぐ近くを通っていた。其処で祖父母や伯父から色々と教えられ、励まされ又叱られもした。その中に、「長押（なげし）の面に釘を打ってはならぬ。畳のへりを踏んではならぬ。敷居の上に立たぬように。囲炉裏の縁をまたいではならぬ」とか「殺したからとて自分らになんら利益もない生き物の命を、むやみやたらに殺してはならぬ」であった。庭木の葉もわけもなく千切って散らかすと叱られた。

最近『極楽寺殿御消息』を読んで驚いたのである。祖父母や伯父から教えられた多くの事柄がそっくりそのまま書いてあるではないか。無意識にやっている自分の行動規範が七百五十年も昔の価値観であることに驚愕している。鎌倉武士の精神が敗戦までは、確実にまだ生きていたのである。若い世代から見ると筆者はさしづめ生きた化石・「シーラカンス」であろう。しかし三つ子の魂百までもというが、幼少の頃教えられた事柄は、幾つになっても頭の隅に記憶されているものらしい。

極楽の道のしるべとたづぬれば心の中の心なりけり
（北条重時）

境界を越えた後の世代にとって、祖父母の生きた世界や父母の生まれた世界は、想像出来ないものになる。我々はいま、そのような転換期を経験している。
（P・F・ドラッカー）

人の本性

友人と飲みながら、日本の政情や世相話から、何時の間にか人間の本性、「性善説」・「性悪説」の話に発展した。

オレオレ詐欺に始まって、年金過払い請求詐欺、保険金詐欺、サイト料金請求詐欺、預金不正引出詐欺、よくも次々と悪智恵が働くものかと呆れたり、感心したりしている。そして、詐欺被害に遭う人間の何と多いことか。実は我が家にも、二件の振り込め詐欺の電話があった。劇場型の詐欺で、娘が自動車事故を起こしたので示談金を支払えと、警官・娘・弁護士を名乗る犯人からの電話があった。他の一件は息子が電車内で痴漢行為をしたとの警官を名乗る者からの通報であった。二件とも当然詐欺が目的である。幸いにも被害はなかった。家族構成まで調べた犯罪である。冷静に対処すれば彼らの嘘を見破れるが、大方の人はパニックに陥ってしまう。

工事現場から重機を盗み、ATMを破壊するなど、外国映画さながらである。無防備に、金庫が道路際に設置されていることも、犯罪を助長している。

五木ひろしの歌う阿久悠の詩『契り』に、「人の心は鴎のように真っ白だろうか。人はいつでも桜のように微笑むだろうか」という下りがある。詩は、疑問符になっている。生きてきた時代、生まれ育った社会的環境、境遇、ついた職業や立場によって、人の心は微妙に変化する。若い時の純真無垢な心も何時の間にか色に染まってしまう。昔から「朱に交われば赤くなる」とか「善悪は友による」の喩えがある。

『論語』に「性は相近し、習いは相遠し」とある。習慣によって性格は変質するとある。

元外資系企業役員のA氏は、「人間性悪説」を基本に企業経営を考えるべきだと言う。一方日本の大手電機メーカ管理職であったB氏は、どこまでも人を信じる「性善説」を採る会社経営でありたいと言う。結局この話の結論は得られなかった。

そもそも「性善説」を言い出したのは孟子で、一方「性悪説」を唱えたのは荀子である。

孔子の教えを継ぎ、仁義を説いたことで知られる孟子（前三七二～前二八九・異説あり）は、今の山東省の士階級の家に生まれた。彼は王道政治を魏・斉・宋の諸侯に説いて廻ったが受け入れられなかった。彼の思想は、「人は生まれながらにして道徳性を具え善を直覚する事が出来る」と言う「性善説」に基づく王道政治を説いたのである。だから天命が「民の心」に示されると考え、「民を貴しとなす」とし、次ぎに国家の守護神に重きを置き、君主はその次ぎであると主張した。その為君権政治を志向する諸侯には都合が悪い思想であった。

一方人間の天性は悪であるとする「性悪説」を唱え、礼・義・教育の重要性を説いた荀子は、戦国時代の紀元前四世紀末、趙に生まれた。有名な「青は藍（あい）より出て藍より青し」の言葉を残している。藍草で染めた布は藍草より一層鮮やかな青となることから、師と弟子の関係に似ていて、人間にとって教育が重要であり、努力の積み重ねによってのみ天性の悪を押さえる事が出来ると説いたのである。

米ソ冷戦の終結は世界や日本の政治・経済・教育の枠組みを変え、直接的にも間接的にも我々の生活に多大の影響を与えた。海外旅行も盛んになり、文化・文明のグローバル化が始まった。生活習慣の違う人達と一緒に生活する時代になっている。村社会日本では、同じ規範のもとに暮らし、暗黙の生活ルールがあった。今それが通用しなくなっている。流通経済の国際化は、価格破壊を起こした。一方で活気ある町の商店街をシャッター通りに変貌させ、地域社会の連帯を破壊してしまった。夏祭りの開催も危機を迎えている。そして国や企業の諸活動の国際化対応の遅れは、社会の混乱と不安を引き起こしている。今犯罪防止上、人間の本性研究に基づく新しい視点のシステム作りが求められている。

茫々たる宇宙、此の道只だこれ一貫す
（『言志四録』佐藤一斎）

己の不善を恥じ、人の悪を憎む心、謙遜心、物事の善悪を判定する心、孟子の「仁義礼智」は世界いずれの国にも一貫していると述べている。さて如何であろうか。

怨霊鎮《おんりょうしず》め

人、我に恩あれば忘るべからず、而して怨みはすなわち忘れざるべからず

（『菜根譚』）

「受けた恩義は忘れてはいけない。しかし他人に対する怨みは早く忘れなければいけない」と言う意味である。

最近同窓会に出席する機会が多くなった。四、五十年振りで再会する友もいる。すると必ず懐旧談となる。驚くことは、昔受けた仕打ちに対して、業を煮やす人の多いことに驚かされる。怨み、嫉み、といった感情は、人間の心の奥深くに収められ蓄積されていくとされ、熏習（くんじゅう）と唯識仏教では呼んで、避ける智恵を説いている。

八百年前に浄土宗を開いた法然上人の父は武人であったが、非業の死を遂げた。彼の父は幼い法然に「私の死後、敵を怨んではいけない。そなたが敵を討ち取れば、その敵の子がそなたを仇として狙うであろ。そうするとその遺恨は代々尽きることがない」と言ったとされている。

ところで「日本三大仇討ち」といえば、荒木又右衛門の「鍵屋の辻」、「曽我兄弟の仇討ち」そして「赤穂浪士」であり、世間では良く知られた話である。日本で仇討ちが禁止されたのは、明治六年二月七日の復讐禁止令からである。それまでは、江戸時代の思想が色濃く残されていたのである。この

年、明治天皇が断髪にするなど近代化に向けて日本が動き始めていた。九月には欧米視察の岩倉具視らが帰国している。しかし一方で征韓論に敗れた西郷、副島、板垣、江藤ら参議が下野した年でもある。この後、各地で士族の反乱が相次ぎ、明治十年九月の西郷隆盛の西南戦争終結まで続くことになる。まだ人々に明治維新処理の遺恨があったのである。

昔からライバル同士が怨念を抱く関係は多くあった。飛鳥の都では、蘇我氏と物部氏、平安京では藤原氏と菅原道真の対立がある。平安末期の源氏と平家の争いもそうであろう（異説もある）。室町時代の南北朝の争いも然りである。そこで怨霊を恐れた人々はそれを鎮める為に神社や寺を建設した。京都市上京区の北野天満宮は、延喜三年（九〇三）道真が九州大宰府で亡くなって後、京畿地方に雷の被害が多発し、人々は道真の怨霊と恐れ、鎮魂の為に建てられた神社である。

鎌倉を舞台に繰り広げられた源氏、北条、三浦一族の興亡の歴史や、南北朝時代の護良親王悲話にも怨霊の話は残されている。戦前の唱歌『鎌倉』には「鎌倉宮にもうでては、尽きせぬ親王のみうらみに、悲憤の涙わきぬべし」と詠われている。この鎌倉宮（大塔宮）の右手奥一帯は二階堂と呼ばれている。ここに護良親王の墓もある。その西北辺りに、建久三年（一一九二）源頼朝の建てた永福寺（ようふくじ）があった。中尊寺の二階大堂を模して造ったお堂であった。しかし室町時代中頃にはこの寺は廃寺となっている。私はここを幾度となく訪れているが、いつも諸行無常を感じている。頼朝は奥州征伐で藤原泰衡の精舎を見て、永福寺を創建したという。その目的は義経、泰衡をはじめ数万の怨霊を鎮めそして三有（欲界・色界・無色界）の苦果（悪業の報いとして受ける苦しみ）を救う為であると、『吾妻鏡』に書かれている。権力者として君臨した征夷大将軍・源頼朝も怨霊に苦しめられていたのである。

自ら厚くして、薄く人を責むるときは、すなわち怨みに遠ざかる　（『論語』）

第三節　生き方

人生の五計

人生の大病は只是一の傲（ごう）の字なり

（王陽明）

「人が生きていく上で、最も害になるものは傲（おごり）の一字につきる」と、明の儒学者・王陽明はいう。

必ず毎年新春が巡って来る。「一年の計は春に在り」と中国の古典にある。又昔の人は、「幸福は喜悦の門から入ってくる」と言った。一富士二鷹三茄子、初夢に瑞夢を見て、今年こそ大願成就を果たそうと思っている方が多いに違いない。茄子の夢が何故めでたいのか理解出来ないが、諸説がある。ただ家康の好きなものを並べただけという説もある。

ところで、誰でも夢を持ち、希望を抱き、成功を目指し、幸福を追いかけ生きている。自ら不幸を望む者は居ない。新春を迎えあなたの人生計画を、再考することも無駄ではない。

中国の宋時代（西暦四二〇～四七八）の学者に朱新仲と言う人がいた。彼は「人生の五計」を説いている。その第一は「生計」である。如何にして健康な毎日を過ごすかを考えること。第二は「身計」で、何をもって立身出世するのか。職業、人生観を考えること。第三は、「家計」、即ち暮らし向きをどう立てるのか。第四は「老計」で、どう老年を迎えるのか。第五は「死計」で、どんな死に方をするのか。

ドラッカー教授の著書『仕事の哲学』の中に次ぎのような話が紹介されている。教授が十三歳の時、宗教の先生は生徒に、「何によって人に憶えられたいのか」と聞かれた。誰も答えられなかった。先生は、「五十歳になって答えられないと問題である。人生を無駄に過ごしたことになるから」と言った。教授は、成長に最大の責任を持つのは本人であって、あなたの帰属する組織ではないと言い切っている。

「国民生活に関する世論調査」によると、九〇％の日本人は他人と比較して、自分は「中流」に属していると回答している。日本は「一億総中流社会」と言うことになる。筆者はこの調査は「願望調査」であって、現実から乖離した結果と見ている。中流社会で何故犯罪や自殺者がこんなに多く、殺伐とした社会なのであろうか。「衣食足りて栄辱を知る」筈であるが。フランスの諺に「最上は幸福の敵」というのがある。あまりにも「幸福」を求め過ぎると「幸福」を壊してしまうと言う意味である。あまりにも背伸びし過ぎて、見栄を張り過ぎ自滅した例は枚挙に暇がない。「個人破産申立件数」も二〇〇二年には二十万件に達している。

ルース・ベネディクトが『菊と刀』で指摘した、「恥の文化」はもはや日本人から忘れ去られている。中には、「自己破産制度」を悪用して生活している不逞の輩もいるというから恐れ入る。これだと

「厚顔無恥の日本文化」と言った方が的確である。又若年層の高失業率と多重債務者が多いのも問題である。

時には夢を追究するあまり、他人を巻き込んで犯罪にまで至るケースがしばしば起こる。旧約聖書の「箴言（しんげん）」に、「騙し取ったパンはうまい。しかし、後にその口は砂利で一杯になる」とある。最近起こった「ニセ宮様事件」は、まさに人間心理を巧みに突いた、詐欺事件であった。

借金地獄から救済する為の施策は昔からあった。貧窮した関東御家人保護救済の為に、鎌倉幕府が発布した「永仁の徳政令」・（一二九七年）や、札差からの借財で苦しむ旗本・御家人を救済する目的で、江戸幕府は一七八九年（寛政元）「棄捐令（きえんれい）」を発布している。何れも借金を帳消しにしようというものであった。「武士は食わねど高楊枝」とはいかなかった。

今日、「自己破産者」の四割近くが生活苦・病気・失業者である。従って多重債務者救済制度は必要である。しかし一方、

山に登りては側路に耐え、雪を踏みては危橋に耐う。
一の耐の字、極めて意味有り
（『菜根譚』洪自誠）

もし「耐」の一字を身に着けておかないと、又それを大事な身の支えとして生きていかないと、多くの人は藪や草むらや穴や堀の中に、陥ってしまうに違いないと忠告している。

人生いろいろ

虎穴に入らずんば、虎子を得ず　　　　　　（『後漢書』班超伝）

汗と努力で才能を開花させ、アテネオリンピックで世界の王座につき、十六個の金メダルを獲得したアスリート達の話は、多くの日本人に感動を与えた。しかしその報奨金を巡って、様々な人間模様も報道されている。これも又現実である。

二〇〇四年八月に開催した「半導体シニア協会」の研修会で、今ベンチャー・キャピタリストとして、米国で活躍している平強氏が、「みなさん、金持ちになって下さい」と述べていた。シニア世代への激励の言葉でもあった。昔彼と私は、同じ事業部で半導体の研究開発に従事し、同じ独身寮にいた間柄である。その後シリコンバレーに移り、彼は努力と才覚でアメリカンドリームを実現させた男である。

この年の福井県の水害発生では、被害者に一億円の当り宝籤を、ボンと寄贈した匿名の篤志家がいて、みなを驚かせた。先日理髪店で手にした雑誌に、一攫千金を夢見て徳川埋蔵金を真剣に探し求めているグループの話が載っていた。埋蔵金探しの話は、明治の終わりに刊行された『明治富豪史』に、既に同様の話が紹介されている。それによると、「幕末期（慶応元年～明治元年）の勘定奉行・小栗上野介の軍用資金が、上州の山中に埋められているといって、掘っている人が居ると、前橋辺りで大評判である」とある。

最近のテレビ番組でも、赤城山麓にブルドーザーを入れて、徳川埋蔵金を探す人々を紹介し、又群馬県尾島町の長楽寺境内で、レーダ探査機を用いて、徳川埋蔵金を発掘調査したことが放映された。この寺は、鎌倉時代に活躍した源氏の名門新田一族ゆかりの名刹で、徳川幕府の基礎を創った黒衣の参謀・天海僧正が、天正五年（一五七七）四十二歳の時にこの寺から大阿闍梨の位を受けている。又長楽寺に隣接して東照宮が建てられているが、この質素な尾島東照宮は、家康の遺言によって二代目将軍・徳川秀忠が日光に最初に建てた祠で、後に尾島に移築されている。因みに現在世界文化遺産に登録されている絢爛豪華な日光東照宮は、三代将軍徳川家光によって建造されたものである。徳川氏は征夷大将軍になる為に、源氏長者の系図を必要とした。その為新田一族の系図を買ったとされている。長楽寺はその様な歴史の謎を秘めた寺でもある。九〇年代初め、筆者もこの寺を訪れ、先代のご住職にお会いしたことがあるが、境内の景観は中世の趣を色濃く残した寺であった。平成の宝探しグループが、徳川幕府ゆかりのこの寺に目をつけ発掘したのもうなずける。

西南戦争の時も同じようなお金の発掘騒ぎがあったらしい。薩摩軍の持っていた一円紙幣が数十万単位で九州のどこかに埋まっていると言うので、発掘が行われた。相当に智恵のある者でも宝探しとなると、無我夢中になってしまうから、人間とは不思議であると『明治富豪史』の著者はそう書いている。

幕末から維新の頃、偽紙幣作りが横行し、特に戊辰戦争や西南戦争の頃に盛んであったらしい。

西南戦争の時は、政府の発行した天札よりも一時は西郷札の方に信用があったという。これとは別に偽札も出回って、九州地方は戦争、紙幣、そして当時流行したコレラで大混乱であった。この戦争後に疫病が流行るのを予測して、石炭酸を大量に仕入れて財を築き財閥となった実業家もいた。世の中の転換期は、「時代の風」を読む人達の活躍する時でもあった。

庶民も又、一攫千金を夢見て宝探しをしたのであろう。この様な埋蔵金探しの話は、「朝倉一乗谷」など日本の各地に伝え残されている。

黄粱一炊　　　　（『枕中記』）

人の世の富貴・功名のはかないことも、又現実である。

足ることを知る

足ることを知る者は富めり。　　　　（老子）

満足を知ることの出来るものは、富める人であるとの意味である。中唐の詩人白楽天も「心足らば身は貧に非ず」と言っている。

年末になると、サラリーマンにはボーナスが支給される。かつての日本は、終身雇用・年功序列社会で、学歴・勤続年数・職種が同じであれば、その企業の業績に応じて同じ金額のボーナスが支給されていた。それはそれでみな納得していた。ところが戦後生まれの、団塊の世代が管理職につく年齢になるとポスト不足が生じ、格差を付けることが検討された。八〇年代に入り、やがて日本が経済で実力をつけると日米経済摩擦問題が沸騰した。一九八九年、東西冷戦の終結宣言が出され、世界の政治・経済の枠組みが急変した。一九九〇年、日本のバブル経済も崩壊し、銀行や証券会社までもが倒産した。従来の社会システムはもろくも崩れ去っていった。生き残る為に企業は社員のリストラを実施し、嫌でも実力主義を取らざるを得なくなってきたというのが時の流れであろう。

テレビ番組に「開運なんでも鑑定団」というのがある。本人が国宝級の「仁清の壺」と思っていた焼き物が、実は二束三文であったりする。まさに岡目八目の言葉通りである。又プラスチックの人形に何十万の高値が付くこともある。ここにも市場経済原理が働いている。人の評価も、本人は実力があると思っていても、他人が見るとそうでもないことがままある。時代と共に評価基準も変わっている。

江戸時代後期の名君に、松平治郷［不昧（ふまい）］がいる。彼が出雲松江藩十八万六千石の七代目藩主であった時代、当時田沼意次が老中として権勢を欲しい侭にしていた。従って諸藩の財政は極度に疲弊し亡国寸前の状態にあったという。そこで治郷は、藩政改革に乗り出し成功した。又彼は茶人として知られている。よくテレビのお宝番組では、名器の蒐集家として紹介されているが、「嫌いなものは朝寝、怠け者、こざかしき道具屋」と言っているから皮肉である。

不昧公は、「時世のうつりゆきを弁ぜず、ひとところに足をとめて、移り行くを知らざるものは、生涯の下手と申すべきなり」（茶の湯の心得）と言っている。時代は移り行くものだからその流れをしっかり捉まえ、時流にのって人生を作りなさいと諭している。彼が二十歳の時に書いた『贅言（むだごと）』に「人として足るを知らざるは、人にあらず。不足にて茶を楽しむが人なり。この意（こころ）にて身を修め家を斉（ととの）ふる事もあるものなり」とある。茶道が簡素と静寂の中で心を充足させ得るのはその為であると説いている。この「知足」ということが茶道の本質であると言っている。誠に至言である。

『言志四録』で佐藤一斎は「分を知り、然る後に足るを知る」と書いている。これは、自分の天分を自覚して現状で満足することも大切であるということである。

有名な、「人の一生は重荷を負うて遠き道を行くがごとし。急ぐべからず」で始まる徳川家康の遺訓とされる文章に、「不自由を常と思えば不足なし。心に望みおこらば困窮し足る時を思いだすべし」として、堪忍の大切さを説いている。

家康は、冒頭に掲げた老子の格言を一生大切にしたと伝えられている。これを第二代将軍徳川秀忠に伝え、質素倹約を奨励している。

足ることを知れば辱しめられず　（老子）
止るを知るは、殆（あや）うからざる所以なり　（老子）

自分の欲望の限度を心得、満足を知ることが、身の安全を守ることになると言う意味である。

因果《いんが》の花

色みえで移ろふものは世の中の人の心の花にぞありける

（『古今和歌集』）

「みんなが選ぶ歌」の第一位には歌謡界の女王・美空ひばりが晩年に歌った、秋元康・作詞、見岳章・作曲の『川の流れのように』がよく選ばれている。何故この歌が選ばれるのであろうか。この歌を聴くと私は、世の無常を詠った、「ゆく河の流れはたえずして、しかももとの水にあらず」で始まる鴨長明の『方丈記』や、松尾芭蕉の『奥の細道』の冒頭部分「月日は百代の過客にして、行きかふ年も又旅人也」を思い出す。恐らく多くの人はこの歌に、ひばりの歩んで来た人生を見て、又自分自身の人生をも重ね合わせて、納得しているのではなかろうか。これが「日本人の心」そのものなのかも知れない。

彼女は、「振り返れば　遥か遠く　故郷が見える」と歌っている。筆者とひばりとは同じ世代であり、しかも同じ故郷・横浜磯子の生まれである。天才少女と騒がれた小学生の頃の彼女を見ていた者として、ひばりが思う故郷とはどの様なものであったのであろうか。決して平坦な道ではなく、「でこぼこで、曲がりくねった道」であったろう。そして「ぬかるんだ道でも　いつかはまた　晴れる日が来るから」と彼女は歌い、そして「移りゆく　季節　雪どけを　待ちながら」と頑張ったのである。

室町時代の能の大成者・世阿弥の能楽論に『風姿花伝』がある。父・観阿弥の教えに基づいて書き著した、日本を代表する芸術論である。この中の「花伝第七別紙口伝」に、「因果の花」と言う項がある。この世の一切はみな因果の関係にあるという。

「去年（こぞ）盛りあらば、今年は花なかるべき事を知るべし」。世阿弥は、短い時間のうちにも人には、男時と女時があると言っている。運が向いていて好調な時が「男時（おどき）」で、運が悪くて不調な時が「女時（めどき）」としている。ここには明らかに『易経』で説く、陰陽思想の影響がみられる。陰陽は対立関係にあるのでなく、無限に変化するという思想である。陰陽によって宇宙の実相を説明しようとする考え方である。従って、男が女より人間が上等であるという事にはならない。だから女性が、目くじらを立てる必要はない。「能にも、よき時あれば、かならず悪き事またあるべし。これ、力なき因果なり」。これは、人力ではどうする事も出来ない事柄が世の中にはあると言っている。女時の時には、猿楽の競演（勝負と呼んでいる）で「我意執（執着心）を起こさず骨をも折らで、勝負に負くるとも心にかけず、手を貯（たば）ひて……肝要の立合い、大事の勝負に定めて勝つ事あり」と言う。悪かったことが因となり、その結果が勝ちを招くので、時の運の循環による結果であると説いている。「禍転じて福となす」（『史記』）である。

又世阿弥は「年々去来の花」を失うなと言う。若い頃には老後の芸を、年輪を重ねてからは若い頃の芸を演じられるようにしなさいという。初心時代の芸を忘れてはならないとしている。世阿弥の能楽指導書『覚習条条』には「初心を忘るべからず。時々の初心を忘るべからず。老後の初心を忘るべからず」とある。

「秘する花」の項では、「秘すれば花なり」と言い、他の人とは違う珍しい、意外性を身に着けなさいという。兵法の道でも強敵に勝つには、この事が大切であると、書き残している。

禍福門なし、唯だ人の招く所　（『左氏伝』襄公二十三年）

禍福はあざなえる縄の如し　（『史記』）

気概と気迫

言行一致すべきものと定めねばならぬ　（三宅雪嶺）

二〇〇四年のアテネオリンピックは、日本人アスリート達の大活躍で、国内は多いに盛り上がった。近代日本の礎を築いたのも又若者達であった。

一九九八年七月、私は日本人先達の足跡をサンフランシスコに探し訪ねた。「幕府遣米使節」（正使・新見豊前守正興一行）を乗せたポーハタン号の護衛艦・咸臨丸が、初めてサンフランシスコに入港したのは、万延元年二月二十六日（一八六〇年三月十八日）のことである。使節一行が滞在したインターナショナルホテル跡をまず訪ねた。しかし、一九〇六年四月にこの街を襲った大地震で壊滅的状態となり、建物は現存していなかった。この咸臨丸には、幕臣福沢諭吉、そのライバルであった艦長・勝麟太郎（海舟）そしてジョン万次郎（中浜）らが乗り組んでいた。もう一ケ所は、明治四年に明治新政府によって派遣された「岩倉使節団」の足跡で、一八七二年一月十五日にサンフランシスコに到着して、モンゴメリー街のグランドホテルに宿泊した。しかしこのホテルも今は無い。この使節団には、特命全権大使・岩倉具視、そして木戸孝允、大久保利通、伊藤博文、山口尚芳らの四名の副使と、随員をいれて総勢四十八名（四十九名、五十一人説もある）で構成され、平均年齢三十歳であった。それに四十数名の私費・官費留学生がいて、当時八歳の津田梅子もいた。

「岩倉使節団」の目的は、欧米十二カ国を廻り友好親善を図りながら、先進諸国の文物調査を行い、条約改正の可能性を打診することにあった。

当時の建物は無くても、そこを福沢・勝・木戸・大久保・伊藤らが歩いていたことを想像するだけで、私は興奮を憶えた。又この使節団には、筆者の義父の祖父で、元幕臣の冨田命保が新政府・大蔵省の役人になって、この使節団に参加していたことも、私を発憤させた。使節団に対して、地元市長・政治家そして財界人によって「岩倉使節団」の歓迎晩餐会がグランドホテルで開催された。この時伊藤博文が英語でスピーチを行った。今日これは、「日の丸演説」として知られている。

「我が国旗の中央に見られる赤い円形が、封蝋した帝国の封蝋糊のように見えることなく、将来は昇る太陽の高貴なしるしとなって、世界の文明諸国の間に伍して前進し、かつ上方に向うことであろう」

当時日の丸が、封書の封印に用いられるシールのように見えたのである。

この時彼は若干三十一歳であった。伊藤が初代内閣総理大臣となるのは、十三年後のことである。

この演説にかける伊藤博文の気概、そして気迫のほどが感じられる。彼の脳裏にはこれからの日本国が進むべき、確かな海図が描かれていたのであろう。天真爛漫でフレキブルな彼の性格は、ややもすると大言壮語を放つことになり、人々に誤解を与えていたことも事実である。しかし尾崎行雄（咢堂）は、伊藤を「その性格流水の如く」と言い、又三宅雪嶺は「人傑」と評している。

ところでこの「岩倉使節団」の派遣を計画したのは誰であろうか。オランダ生まれのアメリカ人宣教師・フルベッキ牧師である。慶応二年（一八六六）彼は佐賀藩の藩校致遠館の校長に招聘され、ここで藩士・大隈八太郎（重信）と知りあうのである。不平等条約を解消する為には、国際法の適応を受ける文明国として認められる重要性を、大隈らに講義したことが、発端とされている。

人の思ひ及ばぬ所に様々の道がある　（三宅雪嶺）

お蔭参り

治世に処（お）りては、宣（よろ）しく方なるべく、乱世に処りては、宣しく円なるべし。叔季（しゅくき）の世に処りては、当（まさ）に方円並び用うべし。　（『菜根譚』）

秩序が保たれている時代には、身をきちんと正しく保ち、乱世では四角四面な生き方をしないで、万事宜しきに従い、人情や人道の退廃した世も末の時代を生きるには、臨機応変な生き方をしなさいということである。

江戸時代に民衆は、時には大挙して狂気と思われる行動をして、時の政権も傍観することがあった。

東京・高円寺で行われた「阿波踊り」を見物したことがある。初めて見た時に、幕末に行われた「ええじゃないか」踊りはこの様な踊りであったのではないかと想像した。男踊りや女踊りで一糸乱れずに迫ってくる様に、私は圧倒された。

伊勢音頭は、「伊勢へ行きたい　伊勢路が見たい　せめて一生に一度でも　紅い灯がつく新古市で」と唄っている。

江戸時代、伊勢神宮外宮と内宮の間にある古市という町には伎楼七十軒、芸妓千数百人を数える遊里があって、伊勢音頭を楽しむ客の笑いさざめきで賑わっていたという。

集団で「お伊勢参り」が行われたのは、慶安三年（一六五〇）からで、「お蔭参り」とか、「抜け参り」とか呼ばれ、青年男女や奉公人が無断で伊勢へ参宮していた。それ以後約六十～七十年周期で「お蔭参り」が盛んになり、宝永二年（一七〇五）、明和八年（一七七一）、文政十三年（一八三〇）そして幕末の慶応三年（一八六七）にも行われていた。

最盛期には、当時の人口三千万人に対して四百万人以上の民衆が狂乱状態になって、柄杓を持って「伊勢参り」をしたというから驚きである。当初は非難も起こり、徳川幕府も取り締まっていたが、遂には庶民の不満解消効果や貧民減少効果を認め、黙認したのである。街道沿いの人々も「お蔭灯篭」を献灯し、又宿を提供して施し米や、路銀まで出す家もあった。現在でも、四国八十八か所の霊場巡拝のお遍路さんに、お茶を持て成す人々がいる。「お蔭参り」も、人々の神聖な行為として容認されていたからであろう。

嘉永六年（一八五三）、ペリーが浦賀に来航し、翌年の安政元年「日米和親条約が締結」された。安政二年（一八五五）に「安政の大地震」が江戸の町を直撃し、四千人に近い死者が出た。そしてこの年「お蔭参り」が流行するのである。慶応三年八月から十月にかけて、空から伊勢神宮のお札が降ってきたことで「ええじゃないか、ええじゃないか」と爆発的に「お蔭参り」がはじまった。同じ頃、最後の将軍徳川慶喜が大政奉還を布告している。従って倒幕派の陰謀との説も囁かれていた。民衆の新しい時代への期待と不安が入り混じって起こされた運動との見方もある。江戸時代のこの「お蔭参り」運動について京大の中西輝政教授は著書『なぜ国家は衰亡するのか』の中で、「バブルによる巨大な富の蓄積が高じてお蔭参りがあり、その後に天変地変が発生、そして改革というパターンである」と江戸時代を分析されている。

なぜ約六十～七十年ごとに民衆のエネルギーの発散が起こるのであろうか。千三百年近くも続いている伊勢神宮の、二十年に一度の式年遷宮とどう関係するのであろうか。不思議である。

冷より熱を視（み）て、然る後に熱処の奔馳（ほんち）の益無きことを知る　（『菜根譚』）

冷静になって熱狂していたことを振り返ってみると、無益であったことが分かるという意味である。

星からの使者

英雄は時代をつくり、時代は英雄をつくる　　（山路愛山　明治のジャーナリスト）

山路愛山は明治二十三年の演説会で、時代の沈滞を打ち破って、一転させていく力を英雄の中に期待していた。一人の人間が将来英雄となって崇敬されるのか、それとも罪人とされて誇られるかは、予測不可能と言われている。

今、日本の中年女性が韓国の俳優「微笑みの貴公子」・ヨン様ことペ・ヨンジュンに夢中である。多くの日本の男性達には、何故彼がそんなに騒がれるのか、全く理解出来ないであろう。しかしいつの世も人々は英雄を崇拝し、スターの出現を待ち望んでいる。ヨン様を「夢の国から来た王子様」と呼んでいた女性もいた。

二〇〇四年十一月に放映された石原慎太郎氏原作のテレビドラマ『弟』が、二〇パーセント以上の高視聴率を上げていた。このドラマの主人公・石原裕次郎は、戦後日本の生んだ大スターであった。なぜ人々は裕次郎に魅力を感じるのであろうか。私が大学生の頃、近所に住む知人から、今売り出し中のスター裕次郎と、赤木圭一郎が横浜プリンスホテルで飲んでいるから来ないかとの誘いの電話があった。このホテルは磯子の海を眼下に見下ろす、風光明媚な屏風ヶ浦と呼ばれる崖の上にあった。

家からは約二㎞のところで歩いても行かれるが、この時期丁度大学の期末試験の最中で誘いを断った。この頃「太陽族」や「慎太郎刈り」が流行し、世間から裕次郎は不良の烙印が押されていた。しかし彼は映画『嵐を呼ぶ男』で新しい時代のヒーローとなっていった。

一方子供は唱歌か童謡を歌うものと相場が決まっていた時代に、歌謡曲を唄う美空ひばりを某有名詩人が非難した。この発言をきっかけに教育界は彼女をボイコットした。又この天才少女歌手も、心無い人の妬みから地元磯子の夏祭りの舞台で、石を投げられていたこともあった。当時彼女は横浜プリンスホテルのすぐ坂下にひばり御殿を構えていた。後年彼女は、歌謡界の女王として君臨することになり、そして逝去後すぐに国民栄誉賞を受賞したのである。この昭和を代表する二大スターは、病を得て奇しくもほぼ同じ年齢で、前後して異星へと旅立っていった。

敗戦後のまだ貧しい日本社会で、ひばりや裕次郎の映画やテレビでの活躍が、どれほど多くの若者に夢を与え、生きる力を与えていたか計り知れない。彼らは彗星の如くこの世に現われ、そして昭和の終焉と共に、使命を終えたかのように、急ぎ足で宇宙へと飛び去って行ってしまった。作曲家・船村徹氏はひばりを異星から来た人と呼んでいた。

ヨン様ブームは、昨今の殺伐とした社会から一瞬でも逃避し、夢の国の主人公に成りたいという、中年女性の願望の現われであろうか。

宿世という言葉がある。弘法大師・空海が九世紀初頭に持ち帰った膨大な経典の中に『宿曜経』という占星術の書物があった。これは、人の生まれ月を基準にして潜在的資質・吉凶・相性を明らかにしようとするもので、人には宿縁があると説いた本である。空海と師・恵果阿闍梨との出会いは偶然であったと、空海は著書『御請来目録』に書いている。二人の運命的な出遭いが、後に日本に密教をもたらすことになる。石原裕次郎と美空ひばりの出現は、異星から荒廃した戦後日本に送り込まれた「星使」であったのあろうか。

ところで、日本神話や歴史を彩る代表的人物の中で、今でも庶民が憧れ、尊敬しそして哀憐の情を抱く人物に、スサノオノミコト、日本武尊、聖徳太子、菅原道真、源義経、護良親王、新田義貞、織田信長、大石内蔵助、吉田松陰、坂本竜馬、小栗上野介、西郷隆盛らがいる。彼等の共通点は、多くが「末路が悲劇的結末」である。作家尾崎秀樹は、「既成秩序やモラルの反逆者」でそれを実現するだけの能力を備えていることが英雄の条件であると、その著『英雄再発見』のなかで述べている。更に「英雄になりうる資格は、大衆の要求をどの程度満たしているかをバロメータとするものだ」とも指摘している。そして彼らの生涯のなかで、必ず「虚構化を加えるに相応しい空白の部分」が残されていることが必要であると言う。

英雄は民族の理念を表現した何らかの理想像であり、また民族を超えた普遍性を持つ

（春名　徹　作家）

人物好き嫌い

伝聞の事は、つねに多く実をうしなう　（『後漢書』）

人から伝え聞いた噂のたぐいは、実際の事柄からかけ離れていることが多い、という意味である。

歴史上の人物を描く時、出来るだけ登場人物の評価を、公平に記述したつもりでも、人には好き嫌いがある。よく「好きなタレント・嫌いなタレント」とか「上司になってほしいタレント」のランキングが発表される。タレントの好感度調査である。大概は成る程と思わせる結果である。

雑誌『歴史研究』の二〇〇五年一月号に歴史上の人物の「好き」・「嫌い」ランキングが掲載されていた。読者の投票結果である。その内の、「好きな人物」と「嫌いな人物」それぞれ上位三十位までにランキングされた人物を眺めてみると、十一人が双方部門に重複していた。「好き」でもあるが「嫌い」でもあるという極めて複雑な心情吐露結果である。

評価が難しいとされた人物とは、梶原景時・織田信長・武田信玄・徳川家康・豊臣秀吉・西郷隆盛・源義経・源頼朝・大久保利通・足利尊氏・平清盛であった。それぞれ歴史上の大スターで強烈な個性の人物である。

ただ梶原景時と梶原景季については、「好きな人物」として梶原一族関係者の組織票が大量に入っているので、その事を勘案する必要がありそうである。

「好きな人物」としては、坂本竜馬・聖徳太子・土方歳三・真田幸村・楠木正成・上杉謙信・梶原景季・伊達政宗・勝海舟・吉田松陰・高杉晋作・大石内蔵助・福沢諭吉・沖田総司・宮本武蔵・徳川吉宗が挙げられている。

又「嫌いな人物」は、明智光秀・徳川綱吉・東条英機・スターリン・徳川慶喜・ヒットラー・道鏡・岩倉具視・小早川秀秋・石田三成・北条政子・後醍醐天皇・近藤勇・山縣有朋・北条時政であった。

タレントであればテレビの画面を通じてその人の性格なり考え方を知る事が出来る。歴史上の人物の場合には、人々は本人に直接会ったこともない。従って小説なり映画やドラマを通じて知るので、作者の人物描写結果に大きく影響されることは否めない。足利尊氏は戦前には国定教科書で逆賊として扱われていた。昔であれば恐らく「好きな人物」として登場することは無かったであろう。又梶原景時も、昨今の内部告発が容認される時代でないと、評価されない。私の子供の頃は、日露戦争勝利の余韻がまだ残っていた時代で、「乃木さんと東郷さんはえらい人」と教えられ、遊びの中に組み込まれていた。しかし今の子供達は乃木将軍や東郷元帥を知らない。判定結果は、投票者の年齢や出生地にも大きく影響されるであろう。これについては、心理学者宮城音弥が著書『日本人の性格』のなかで県民性と歴史的人物について論じている。郷土の英雄への評価は当然高くなる。日本人には敗者への判官贔屓もある。又権力者への憧れと反発が同居している。今回のアンケート結果では、同じ新撰組でも土方や沖田への評価は高く、近藤は低い。しかし二〇〇四年のＮＨＫ大河ドラマ『新撰組』を見た人は、香取慎吾の演じた近藤勇が、全責任を一人で引き受け散っていった姿をみて、「侍らしい侍」を感じたことであう。しかし一般には、箱館戦争において五稜郭で勇敢に戦って落命した土方の方に「ラスト侍」を見ていたであろう。

『言志四録』によると、「凡そ古今の人物を評論する時は、善いとか悪いとか言わない訳にはいかない。しかし、その場合、まず長所を挙げてそれにより短所を表すようにするが善い。また十の中七までは善所をあげ、残りの三は欠点を挙げて非とするのもまた忠信で篤厚な態度である」又「歴史の伝えるところは外に現われた跡形だけであるので、歴史を読むものは内部に隠されている真相を探し出さねばならない」、と読史眼を養うようにと忠告している。

「生生流転は世のならい」とか「万物流転」であって、「万世不易」はありえない。それが歴史上の人物への評価であろう。

あとがき

私にとって、この著作『天籟をきく』は三冊目です。第一作目は、二〇〇〇年に『古き地に情念の形が見える』三省堂書店・創英社を、第二作目は二〇〇二年に『黄金比の世界』郁朋社を上梓しました。

前者は、武士道精神を基調にした、江戸と明治時代を生きた人々の、情念を探し求めたものであります。

後者は、『古事記』・『日本書紀』の日本神話を基調に、古代人の太陽信仰の想いを、神の比例・「黄金比0・618」に秘められた情念を探ったものであります。

今回は、その時どきに感じ、心に映った事柄を雑誌に書き留めたもので、その連載が五年近くにも及ぶとは、想像出来ませんでした。これは偏に、プレスジャーナル社社長・篠原興二氏に執筆・連載の機会を与えて戴いた結果であります。それ故にここに単行本として上梓することが出来、感謝の念で一杯であり、改めて御礼申し上げます。又、歴代の編集を担当された、スタッフ各位にも御礼申しあげます。

私自身執筆することはそれ程苦ではありませんし、むしろ愉しくとても勉強になりました。

月並みながら、常にどうしたら人々が豊かで幸福な、そして犯罪の少ない、明るい日本になれるのかを念頭において書いたつもりであります。

東西冷戦構造の崩壊によって、今世界各国がナショナリズムを強く主張し、国際政治はますます複雑化の様相を呈しています。そんな中で、私達は如何に生きて行ったらよいのでしょうか。歴史から学ぶことは出来ないのでしょうか。そんな思いが、執筆活動に勇気と力を与えてくれたのであります。

又連載中には多くの友人・知人から励ましの言葉を戴き、大変励みになりました。その一人が小学校の同期生・小林重信君で、彼から「さくら狩」で引用した芭蕉の俳句が適切でないとのご指摘を戴き、より相応しい俳句をご教示戴きました。永年その道で研鑽を積んでいる人には、頭が下がる思いであります。

「星からの使者」は、小学校の同級生の兄・高林茂氏の翻訳著書『犯罪科学捜査』をヒントに書いたものです。この本を読んで、人が辿る運命の不可思議さを、戦後の二大スターの人生をお借りして表現したものです。筆者が小学生時代には、既に憧れの大学生であった高林茂氏とは、これが縁で五十三年振りで電話でお話することが出来ました。おまけに氏の集められた貴重な蔵書から十冊程をご恵贈賜りました。

中学と高校の同級会は頻繁に開いて来ましたが、小学校を卒業して五十三年後、中学校を卒業して五十年後に、初めて開催した小学校と中学校同期会の幹事を引き受けました。筆者の世代は、昭和二十年四月に国民学校に入学した最後の世代であります。ですから激動の時代を経て、その後日本の高度成長の尖兵として働いてきた世代でもあります。これを契機にして多くの幼友達や同期生と再会することが出来ました。

　昨年の小学校同期会では、疎開先の小学校での同級生・故佐藤君が、ひばりさんの妹さんと結婚していたことを聞いて驚きました。戦後ひばりさんの実家・魚屋「魚増」の電気配線工事を筆者の父がしているのです。工事契約書に「加藤」と捺印されていたことを昨日のことのように思い出します。誠に人のえにしは不思議であると思いました。

　又人はお互い助け合って生きているのだとこの頃実感しています。そしてまえがきで述べたことですが、「自然体」で生きることの大切さを改めてかみしめています。

　最後に、拙著の出版にあたり、郁朋社社長佐藤聡氏はじめスタッフの皆様には、大変お世話になり、ここに御礼申し上げます。

平成十七年　盛夏

堀江洋之

引用・参考文献

『貞観政要』　呉　兢／守屋　洋訳

『戦国参謀頭の使い方』　小和田哲男

『武士の家訓』　桑田忠親

『日本史探訪』　海音寺潮五郎・杉山博

『中国古典明言事典』　諸橋轍次

『日本故事・名言辞典』　村石利夫

『ふるさとの藩』　前田　勤

『士の思想』　笠谷和比古

『佐久間象山』　大平喜間多

『私塾が人をつくる』　大西啓義

『私塾の研究』　童門冬二

『武道初心集』　大道寺友山原著・加来耕三訳

『日本史小辞典』　竹内理三編

『現代人の座右銘』　志摩芳次郎

『開国の先覚者・小栗上野介』　蜷川　新

『吉田松陰・明治維新の精神的起源』　H・デュモリン

『韓非子』　西野広祥・市川宏訳

『神社』　岡田米夫

『神社辞典』　白井永二・土岐昌訓
『鎌倉伝説散歩』　原田　寛
『徳川将軍家・大名家の墓』　河原芳嗣
『江戸の旗本たち』　河原芳嗣
『田沼意次の時代』　大石慎三郎
『新葉和歌集』　新編国歌大観
『戦乱』　安田元久編
『新田諸族と戦国争乱』　奥富敬之
『太平記百人一話』　陳舜臣・百瀬明治
『「太平記」群雄の興亡と謎』　岩松清四郎
『士農工商』　植松忠博
『中国名言名句辞典』　大島　晃
『現代の帝王学』　伊藤　肇
『指導者の条件』　山本七平
『歴史街道』　一九八八年六月号
『水戸藩の崩壊（天狗党と諸生党）』　粉川幸男
『尊王攘夷』　中村武彦
『諸生党の軌跡を追う』　加比礼三（仰天会）・研究会冊子
『水戸の道しるべ』　水戸史学会編
『茨城の歴史散歩』　茨城県歴史散歩研究会・山川出版社

引用・参考文献

『企業倫理・文化と経営政策』　鈴木辰治

『人間この未知なるもの』　アレキシス・カレル／渡部昇一訳

『大いなる謎・織田信長』　武田鏡村

『文藝春秋　二〇〇四・一〇』　塩野七生

『横浜富貴楼お倉』　鳥居　民

『相模のもののふたち』　永井路子

『日本史小百科』　近藤出版社

『明治維新の敗者と勝者』　田中　彰

『謎の日本史』　監修／安田元久

『徒然草』　吉田兼好　西尾実・安良岡康作校注

『戦国武将に学ぶ・後継者づくり』　大和勇三（ニッセイ経営情報特別号）

『織田信長家臣人名事典』　谷口克広

『戦国人名事典』　阿部猛・西村圭子編

『鎌倉御家人・平子氏の西遷・北遷』　横浜歴史博物館

『全国平子氏サミット・シンポジウム』　運営委員会編（配付資料）

『自警録』　新渡戸稲造

『生活文化歳時記』　半澤敏郎・東京書籍

『吉野・悠久の風景』　上田正昭

『西行物語』　全訳注・桑原博史

『奈良県の歴史散歩』　山川出版社

『孟子』　金谷　治
『荀子』　内山俊彦
『中国の故事名言』　和田武司・市川宏編
『歴史の哲学』　P・F・ドラッカー
『鎌倉廃寺事典』　貫　達人・川副武胤
『復讐の倫理』　堀川豊弘
『唯識十章』　多川俊映
『人間的強さの研究』　小島直記
『明治富豪史』　横山源之助
『中国古典・1日1話』　守屋　洋
『万葉集事典』　中西　進編・講談社文庫（万葉集別巻）
『言志録』　佐藤一斎・川上正光全訳注
『一冊で日本の達人100人に学ぶ』　赤根祥道
『謡曲集二・風姿花伝』　日本の古典・小学館
『志行一致を計れ』　三宅雪嶺・大盛堂書店（大正八年十月一日発行）
『明治維新とあるお雇い外国人』　大橋昭夫・平野日出男
『幕末軍艦咸臨丸』　文倉平次郎
『米欧回覧実記』　久米邦武・田中　彰校注
『伊勢神宮』　所　功
『なぜ国家は衰亡するのか』　中西輝政

引用・参考文献

『英雄の条件』　監修・遠藤周作・尾崎秀樹

『宿曜経』　河村真光

『犯罪科学捜査』　ザカリア・エルジンチリオール／高林茂訳

『織田信長　合戦全録』　谷口克広

『大名廃絶録』　南條範夫

『菜根譚』　洪自　誠・講談社学術文庫

『仕事の哲学』　P・F・ドラッカー／上田惇生訳

『徳川家康』　河出書房新社編集部編

『世田の英雄一〇〇人』　歴史読本ワールド

初出　雑誌「Semiconductor FPD World」（プレスジャーナル）より

〔著者紹介〕
堀江 洋之（ほりえ ひろゆき）

1938年横浜市磯子区生まれ、横浜国立大学物理科卒業
三洋電機株式会社入社、東京三洋にて半導体（シリコンダイオード・トランジスター・MOSIC・LED）の研究開発に従事
その間、米国RCAに技術研修留学として駐在、株式会社東京エレクトロン研究所入社（現 東京エレクトロン株式会社）副技師長・営業部長・企画部長・経営企画部長を歴任、TEL&TELグループの事業戦略立案・推進に従事
政府委員、日本半導体製造装置協会（SEAJ 運営委員長）、SEMI ジャパン代表補佐を歴任、米国系企業（株）フォトンダイナミックス代表取締役副社長、（有）S&E テクノロジー代表取締役として大手商社・電機メーカー・大手リース会社・エレクトロニクス専門商社・欧州系企業の、半導体ビジネスコンサルタント・顧問に就任
現在：著述家
　　　半導体シニア協会会員・運営委員
　　　歴史研究会本部・横浜会員
主著：『古き地に情念の形が見える』（2000年・三省堂書店／創英社）
　　　『黄金比の世界』（2002年・郁朋社）
雑誌「Semiconductor FPD World」（プレスジャーナル）コラム「事始め物語」連載中

天籟《てんらい》をきく　歴史《れきし》に学《まな》ぶビジネスの王道《おうどう》

2005年11月9日　第1刷発行

著　者 ── 堀江《ほりえ》 洋之《ひろゆき》

発行者 ── 佐藤 聡

発行所 ── 株式会社 郁朋社《いくほうしゃ》

〒101-0061　東京都千代田区三崎町 2-20-4
電　話　03（3234）8923（代表）
FAX　03（3234）3948
振　替　00160-5-100328

印刷・製本 ── 壮光舎印刷株式会社

郁朋社ホームページアドレス　http://www.ikuhousha.com
この本に関するご意見・ご感想をメールでお寄せいただく際は、
comment@ikuhousha.com までお願い致します。

ISBN 4-87302-324-6 C0034